TEORÍA DEL CAMBIO EN CONTEXTOS COMPLEJOS:
40 lecciones para la gestión de proyectos ágiles

(Segunda Edición)

José Antonio Monje

ISBN: 978-1705715574

DEDICATORIA

Este libro lo dedico a mis cuatro mayores y mejores fuerzas inspiradoras de cambio, motores fundamentales de mi vida y mi trabajo.

A Mauro, Miguel, Luna y Rebeca

CONTENIDOS

AGRADECIMIENTOS

En esta segunda edición debo comenzar con agradecimientos muy especiales al señor Abdelkader Taleb Omar, miembro del Secretariado del Frente POLISARIO y actual Embajador de la República Árabe Saharaui Democrática (RASD) en la República Argelina Democrática y Popular. A él, con sus invaluables enseñanzas, le debo en gran medida mi interés y perseverancia en el permanente análisis del contexto geopolítico saharaui en particular y magrebí en general, así como la incansable inquietud por buscar y presentar alternativas viables a los problemas que afectan a esta muy estratégica parte del mundo. Infinitas gracias por su valioso estímulo, apoyo y grandes lecciones, amigo Abdelkader.

Asimismo, reitero mi agradecimiento al equipo técnico del Centro de Estudios Estratégicos Magrebíes (CEEM) por su permanente dedicación y constancia, las mismas que han hecho posible presentar públicamente este importante aporte metodológico. De igual forma, quisiéramos dar las gracias a todos aquellos compañeros y compañeras de las organizaciones socias del CEEM por su confianza en nosotros y su invaluable trabajo.

De manera muy particular, agradecer el gran apoyo recibido en los campamentos de refugiados saharauis en Tindouf, sin el que hubiese sido imposible llenar de tan rico contenido y experiencia tanto planteamiento teórico de base. Gracias a los compañeros y amigos Mohamed Bujari Abdulah, economista y funcionario del Ministerio de Cooperación de la RASD, y al Dr. Baba Ahmed Mohamed Yehdih Efdeid, Secretario General de Ministerio de Desarrollo Económico de la RASD. Por último, no podemos dejar de agradecer también a la Universidad de Tifariti (RASD), fundada en 2012, aliada estratégica del CEEM, en particular a su Rector y gran amigo Jatari Hamudi Abdulah.

José Antonio Monje

1. INTRODUCCIÓN

Confirmando en gran medida los antiguos postulados de Heráclito, la llegada del siglo XXI no hizo más que forzarnos imperativamente a cambiar nuestra obsoleta forma de planificar, ejecutar y evaluar políticas, programas y proyectos de promoción del desarrollo, obligándonos a dejar de incluir la incertidumbre tan sólo como un mero factor adicional a considerar. Vimos cómo la volatilidad caracterizaba recurrentemente la descripción de los contextos a tal punto que el análisis de riesgos y oportunidades quedó transformado en un esencial instrumento transversal de la intervención. Todo aludía a una situación común y permanente: el cambio se convirtió en una constante.

Fue entonces cuando empezamos a ver a este ineludible factor desde otra perspectiva. Ya no se trataba de un inesperado inconveniente que debíamos resolver ocasionalmente, una vez pasados los periódicos ciclos de estabilidad que tanto conocíamos, ya que los habíamos estudiado a profundidad, y que pertenecían definitivamente a nuestra zona de confort. En ese cambio o, dicho de otra manera, en esa constante transformación social empezamos a encontrar el auténtico propósito de la intervención. Nuevamente estábamos observando la realidad tal como era: compleja, variable y contradictoria. Y entonces redescubrimos que, tal como enunció Hegel y sus más insignes seguidores, todo contexto contiene en sí mismo componentes transformadores que se desarrollarán progresivamente en su interior hasta lograr su cambio radical, definiendo una dinámica dialéctica permanente.

Estas condiciones del entorno plantearon la ineludible necesidad de construir (o reconstruir) un marco teórico que nos ayudase, en primer lugar, a entender completamente lo que estaba ocurriendo y, en segundo lugar, a actuar en medio de ese entorno cambiante. Fue así como cobró inusitada importancia el rescate de un enfoque que había sido diseñado y trabajado desde los años noventa del siglo pasado por diversos organismos dedicados a la promoción del desarrollo: la Teoría del Cambio (TdC).

Por otro lado, actualmente la región conocida como El Magreb, la misma que comprende en total seis países (Argelia, Libia, Marruecos, Mauritania, República Árabe Saharaui Democrática y Túnez), es una de las zonas geográficas más convulsionadas, inestables y complejas del mundo, fiel reflejo de los entornos marcados por la incertidumbre, inseguridad y la volatilidad. A la sempiterna problemática de la migración económica y política subsahariana que usa tradicionalmente esta zona como corredor hacia Europa se le suma la también antigua presencia militar de grupos islamistas radicales (los mismos que se configuran y reconfiguran permanentemente, atendiendo intereses geoestratégicos tanto nacionales como regionales), las interminables consecuencias de la nefasta invasión de la OTAN a Libia y, por supuesto, el irresuelto conflicto saharaui-marroquí.

Para las organizaciones y los actores sociales presentes en esta región africana es imprescindible comprender cada vez mejor el diverso contexto de gran inestabilidad social, política y económica en el que se desarrollan sus actividades y proyectos, así como contar con los elementos necesarios para plantear alternativas de solución a los problemas que se deben afrontar en dichos países. Entender, por ejemplo, la complejidad que implica la enorme diferencia de diseño e implementación de políticas públicas propuestas desde los disímiles formatos de gobierno que se presentan en la región (monarquía, república islámica, socialista o neoliberal, etc.), todos ellos impactados en mayor o menor medida por las mal llamadas "primaveras árabes", sus numerosas manipulaciones y sus diversas consecuencias sociopolíticas directas. O la capacidad de sus respectivas sociedades civiles para organizarse espontáneamente (o a veces no tanto) y liderar procesos de transformación sociopolítica en medio de entornos de carencia y precariedad.

Son muchos los esfuerzos y diferentes recursos los que se han invertido en la región hasta el momento para impulsar transformaciones de este tipo, oficial y extraoficialmente. De manera especial, buena parte de dichos esfuerzos fueron implementados desde el espacio mediterráneo, intentando generar sinergias entre aquellos países europeos con propuestas consolidadas de desarrollo y los variados mecanismos efectivos de cooperación internacional. Sin embargo, en términos prácticos, todavía no se han logrado cumplir los principales objetivos planteados en estos intercambios. Las razones de este incumplimiento son también complejas y no se encuentran principalmente vinculadas, como muchos especialistas piensan, a la crisis financiera que afectó la circulación de recursos económicos a la zona en los últimos diez años, sino a la falta de comprensión integral de la problemática magrebí y, sobre todo, a la ausencia de una pertinente decisión política.

Desde esta necesidad de entendimiento global del contexto, el presente texto pretende aportar nuevos elementos al desarrollo de la TdC, partiendo de los avances logrados hasta el momento y enriqueciendo dicha teoría y práctica con la particular experiencia y conocimientos generados por los y las profesionales que formamos parte del CEEM. Es por esta razón que todos los contenidos de este libro están enfocados hacia la casuística desarrollada en países de esta región del continente africano. El objetivo principal de este trabajo es realizar un acercamiento académico inicial a un marco teórico que nos permita entender en mayor medida dicha compleja problemática, desde una perspectiva particular de análisis y, sobre todo, buscando en todo momento planteamientos alternativos de abordaje, construidos desde un debate realista, comprometido y adecuadamente informado.

En tal sentido, no nos encontramos frente a un tratado académico clásico de TdC con un desarrollo teórico exhaustivo y cerrado. Ese no es el propósito de este libro. Por el contrario, se propone ser un texto ágil, práctico, aplicativo y, conforme con lo expuesto anteriormente, también cambiante, transformador y en transformación, enriquecido permanentemente. Para lograr este difícil objetivo y darle vida a los contenidos del texto, hemos creado un novedoso mecanismo virtual, del cual hablaremos luego, y que hará posible actualizar permanentemente los tópicos trabajados en este libro: la ***Comunidad de Aprendizaje de Teoría del Cambio***.

Al mismo tiempo, también pretende plantear soluciones rápidas, eficientes y pertinentes a las tradicionales dificultades que se presentan en la gestión de los proyectos de desarrollo: problemas de pertinencia, falta de adecuación histórica y cultural, poca claridad en los objetivos, desconocimiento de la dinámica y conflicto de intereses de los actores, etc. En tal sentido, nuestra propuesta metodológica puede ser calificada como ágil pues se dirige a destrabar la dinámica de diseño, gestión y evaluación de proyectos, aportando elementos innovadores y enfatizando en aquellos componentes que no son tomados en cuenta adecuadamente desde otras perspectivas académicas.

Nuestro esquema de análisis contiene cuarenta tópicos de conocimiento aplicado presentados desde el enfoque de TdC, reflejando las más importantes discusiones teóricas y metodológicas que se están planteando durante las últimas décadas. Está dividido en diez capítulos, siguiendo la lógica tradicional de construcción de una Cadena de Resultados. Inicia la reflexión con una breve introducción, para luego en el segundo capítulo tratar los conceptos básicos de la TdC y su desarrollo en el tiempo. El tercer capítulo nos brinda elementos para entender mejor los mecanismos de análisis estratégico de contexto, incorporando nuevos instrumentos de observación a los enfoques tradicionales de monitoreo de entorno, mientras que el cuarto capítulo aborda la dinámica multiactores, una metodología que optimiza los conocidos análisis de participación usados frecuentemente en el diseño de propuestas de intervención, mientras que la quinta sección trabaja directamente la visión de éxito y su construcción desde las expectativas e intereses de los principales actores protagónicos del proceso de transformación. En el sexto capítulo se presenta la comprensión y diseño de las precondiciones para la intervención para el cambio junto con las correspondientes estrategias y tácticas. El séptimo capítulo trata sobre los indicadores de cambio, su diseño y aplicación, mientras que la octava sección aborda la construcción del principal referente de la TdC: la Cadena de Resultados. Finalmente, en el noveno capítulo podemos encontrar una caja de herramientas con los principales instrumentos para diseñar una TdC básica. En la décima sección, de carácter aplicativo, se presentan los contenidos fundamentales y el diseño preliminar de una intervención específica a través de un estudio de caso, dirigida a reducir los niveles de desnutrición crónica infantil en Mauritania.

Todos estos capítulos, a pesar de tratar diversos temas diferenciados, han sido trabajadas desde una perspectiva de integralidad. La razón fundamental de esta articulación radica en que esta necesaria visión holística también está presente en cada una de las fases de la TdC. Por ejemplo, al elaborar una Cadena de Resultados notamos que todos sus componentes constitutivos se encuentran estrechamente interrelacionados, de modo que para definir la Visión de Éxito no sólo debemos llevar a cabo un análisis prospectivo de las tendencias históricas más representativas sino que, de manera complementaria, también podemos aplicar el Método MACTOR para una mejor comprensión de las perspectivas de futuro que tienen los distintos actores involucrados a través de la construcción de diversos tipos de escenarios. Es imprescindible interrelacionar en todo momento el todo con las partes y, de igual manera, dichas partes constitutivas con el todo.

Por tratarse de un texto aplicativo, en primer lugar se encuentra dirigido principalmente a profesionales participantes directos de procesos de promoción del desarrollo, involucrados e involucradas en el diseño, seguimiento y evaluación de políticas, programas y proyectos, en especial para aquellos y aquellas que desarrollan sus actividades en contextos de alta complejidad, inestabilidad e incertidumbre. En segunda instancia, también se dirige al púbico interesado en los nuevos enfoques metodológicos de análisis operativo de la realidad y en el diseño de intervenciones de promoción del desarrollo y cambio social, así como a personas interesadas en conocer más del contexto magrebí desde una perspectiva más académica.

Con este libro el autor inaugura una serie de materiales metodológicos cuyo objetivo principal es fortalecer las capacidades de los equipos profesionales de diseño, seguimiento, evaluación y sistematización de proyectos de promoción del desarrollo impulsados tanto por organismos públicos y privados de cooperación internacional y de los propios países del Magreb. También se busca generar el intercambio teórico y práctico entre los integrantes de dichos equipos, de modo que sea posible adaptar toda la teoría de desarrollo existente a la realidad específica de esta región e ir generando nuevas propuestas aplicadas sobre la base de las buenas prácticas y las lecciones aprendidas desarrolladas.

La modalidad pedagógica de presentación de los siguientes contenidos está basada en el método de aprendizaje por discusión libre, procurando que, en torno a cada tema y subtema específico de los capítulos que conforman este libro, las respuestas se vayan encadenando progresivamente hasta configurar un cuerpo de conocimiento adecuadamente sustentado. Al mismo tiempo, cada una de las preguntas refleja un importante aspecto de interés, surgido de dudas con respecto a la aplicación de la renovada metodología, expectativas en torno a ella y/o limitaciones encontradas en la aplicación de procedimientos tradicionales de gestión de proyectos. De esta forma, los contenidos presentados en este texto se han ido construyendo sobre la base de las inquietudes y expectativas de los y las participantes de talleres de capacitación de TdC y procesos de asesoría implementados por el equipo técnico del CEEM, los mismos que reflejan la creciente preocupación por superar las limitaciones prácticas presentadas en la gestión operativa de programas y proyectos implementados en contextos complejos.

Tratando de responder a la necesidad de generar permanentemente conocimiento conjunto, aplicado, participativo y desde la experiencia, el autor ha creado un mecanismo ad hoc: la Comunidad de Aprendizaje de TdC. Esta comunidad virtual pretende consolidar, validar y recrear los avances metodológicos alcanzados hasta el momento por la TdC, aplicándolos de manera especial al contexto magrebí. Con ello, busca contribuir significativamente a la generación de un necesario y profundo cambio. Por tal motivo, como parte de este esfuerzo, los principales contenidos desarrollados en este texto contarán con material adicional adaptado a circunstancias específicas, incluyendo instrumentos informáticos (estadísticas básicas, bases de datos, plantillas electrónicas, proyectos desarrollados, etc.) facilitados desde esta comunidad, de modo que puedan ser aplicados por diferentes tipos de usuarios en análisis afines en el contexto magrebí o de otras zonas geográficas. Para poder acceder a dichos formatos es necesario ingresar a la página de la Comunidad de Aprendizaje "Teoría del Cambio" y descargar los respectivos archivos. La dirección web desde la cual se puede acceder a los mencionados contenidos es http://teoriadecambio.blogspot.com

Por último, con esta propuesta desde el CEEM buscamos que este libro no sólo transmita conocimientos prácticos generados a través de la experiencia. Lo más importante para nosotros es involucrar directamente a los lectores interesados en el necesario proceso de cambio que ya se está desarrollando en esta región clave del continente africano. Queremos hacer conocer la realidad magrebí desde nuestra perspectiva, ofrecer sólidas herramientas metodológicas de análisis y movilizar a todas las personas que, de una u otra manera, están vinculadas al Magreb y que desean ser parte de este arraigado movimiento social. Para ello, ofrecemos una perspectiva innovadora de abordaje junto con una importante serie de instrumentos que, adecuadamente utilizados, podrán sentar las bases teóricas y operativas de una profunda transformación sociopolítica sostenible.

2. CONCEPTOS BÁSICOS DE TEORÍA DEL CAMBIO

Una de las principales interrogantes en torno a la TdC que actualmente preocupan a muchos y muchas profesionales de la promoción del desarrollo está referida a la falta de precisión tanto en su conceptualización como en la definición exacta de sus respectivos mecanismos y contextos de aplicación. En opinión generalizada de este colectivo, a pesar de los años transcurridos de implementación y validación, aún quedan muchas dudas sobre la manera específica de aplicar este conocido modelo teórico y operativo en las intervenciones concretas, especialmente si dichas intervenciones reportan altos niveles de complejidad y/o incertidumbre. En la mayor parte de textos especializados presentados hasta el momento sobre este tema, apenas se da cuenta de ciertos componentes estructurales básicos que conforman una TdC, junto con la enumeración de unos cuantos lineamientos prácticos o instrumentos para diseñar una Cadena de Resultados desde dicho enfoque. Muy pocos son los escritos que presentan un desarrollo conceptual más profundo y de carácter sistémico, acompañado por un conjunto mínimo de herramientas articuladas y contextualizadas para poner en práctica cada uno de los diferentes componentes de una TdC. Ante tales ausencias, en esta sección trataremos de completar algunos de los vacíos existentes, empezando por presentar la forma cómo concebimos la TdC, cuáles son los orígenes de este enfoque y de qué formas se ha venido implementando a lo largo de sus años de existencia.

2.1. *¿Qué es la TdC?*

Entendemos por TdC al enfoque teórico crítico trabajado desde una perspectiva de pensamiento-acción, aplicado en procesos estratégicos de cambio social significativo emprendidos en contextos inciertos, complejos y/o emergentes. Dentro de estos contextos, como característica principal, la TdC enfatiza en el análisis y el planteamiento de supuestos desde las dinámicas de poder (tanto a nivel micro como a nivel macro) y su respectiva distribución entre los principales grupos de interés. De igual forma, presta atención especial a los respectivos protagonismos de los diversos grupos de actores y al ejercicio efectivo de su voluntad de cambio.

En tal sentido, no sólo plantea una propuesta específica de atención a un problema relevante, detectado a través de un diagnóstico puntual especialmente diseñado para tal fin, propuesta que busca alcanzar un determinado objetivo concebido como la mejor solución del mencionado problema, tal como se trabaja desde enfoques más tradicionales, sino que construye una auténtica estructura lógica e integral de pensamiento que da sustento a una intervención o conjunto de intervenciones que persiguen la realización de una Visión de Futuro. Dicha estructura, teórico-práctica, es diseñada atendiendo principalmente la lógica participativa de los actores involucrados en la intervención, sustentada en la dinámica de intereses y la distribución del poder. Es un planteamiento eminentemente propositivo, prospectivo e innovador antes que reactivo y determinado por los parámetros propios de la problemática abordada.

De esta forma, los procesos socioculturales referidos al poder, la jerarquización social, la identificación de grupos hegemónicos, el parentesco, la tradición política, entre otros componentes socio-antropológicos, se convierten en los principales puntos de interés al diagnosticar la realidad local sobre la cual se desea intervenir. Esta perspectiva de análisis marca una distancia importante con respecto a la mayor parte de abordajes anteriores donde las generalizaciones y los énfasis globales eran la marca distintiva.

Al buscar un cambio social significativo, todas las intervenciones planteadas desde el enfoque de la TdC demandan principalmente de propuestas mucho más sustentadas, que contengan los componentes suficientemente sólidos de certeza, basadas siempre en evidencias, articuladas desde lógicas sistémicas y validadas a través de experiencias referenciales previas y capitalizadoras de lecciones aprendidas.

La TdC puede ser implementada en diversos ámbitos y procesos de transformación social. Entre los más representativos podemos mencionar la planificación, diseño, seguimiento y evaluación de procesos de promoción del desarrollo, especialmente a través de instrumentos de intervención como políticas (sean éstas nacionales o sectoriales), programas y proyectos de inversión social pública o privada. Hasta el momento, estas cuatro son las fases en las que la TdC ha logrado desarrollarse mejor y consolidarse en todo el tiempo que lleva de implementación, siendo específicamente la evaluación aquella etapa del ciclo de los proyectos en la que se han obtenido mayores logros desde este enfoque. Por otro lado, la TdC también es utilizada con relativa frecuencia en procesos complementarios de gestión tales como análisis organizacionales en instituciones dedicadas a generar dinámicas de cambio social. Igualmente, se está desarrollando mucho este enfoque como perspectiva de construcción en procesos de gestión del conocimiento, especialmente en organizaciones de mediana y gran cobertura.

La TdC, en tanto forma de concebir, gestionar y evaluar intervenciones de desarrollo, suele plantearse como una exploración articulada integralmente de la interacción entre actividades, resultados y contexto. De esta manera, se resalta su característica de estructura lógica, analítica, sistémica, concibiendo a la intervención (es decir, al mecanismo de cambio social) como un todo complejo y dinámico, compuesto por sus actores involucrados y su entorno o circunstancia. Dicha interacción siempre se presenta describiendo una relación dialéctica de retroalimentación y exigiendo de los gestores correspondientes un permanente análisis de conjunto.

El carácter sistémico de la TdC también hace alusión a la permanente necesidad de interrelacionar todos los diferentes niveles de intervención, desde una perspectiva holística e integral, de modo que las políticas, los programas y los proyectos estén consistentemente formulados e implementados desde el mismo enfoque. En este sentido, aunque a nivel teórico existe como posibilidad aislada, la TdC no es un enfoque que sea susceptible de ser aplicado coherentemente sólo a nivel macro, destinado a facilitar cambios estructurales u organizacionales, o sólo a escala exclusiva de programas, proyectos o actividades. Si se quiere ser realmente efectivo, eficiente y generar un real impacto, se debe trabajar la TdC con lógica transversal de intervención.

Esta característica es esencial, pues estamos definiendo a la TdC como un enfoque adecuado para el análisis y la intervención en sistemas complejos. Este tipo de sistemas está formado por diversos componentes interconectados a través de vínculos que generan valor agregado no necesariamente perceptible de manera inmediata. Como resultado de las interacciones entre dichos componentes, surgen nuevas propiedades que no pueden ser explicadas sólo desde las características propias de dichos componentes aislados. Dichas propiedades se denominan *propiedades emergentes*. Este tipo de sistemas requiere de un profundo conocimiento de cada uno de sus componentes para comprender el sistema en su conjunto, pues el todo está inseparablemente vinculado con cada una de las partes y viceversa[1]. Por tal motivo, para describir un sistema complejo hace falta no sólo conocer el funcionamiento de cada una de sus partes sino también (y principalmente) el funcionamiento del conjunto, de la dinámica de interacción de dichas partes entre sí.

Aunque no hay consenso en torno a la definición exacta de un sistema complejo, existen diversas aproximaciones conceptuales a partir de las características comunes existentes en sus componentes entre las que se encuentran conexión multinivel, interdependencia, alta diversidad y gran capacidad de adaptación.

Gráfico N° 1 - Componentes básicos de la TdC

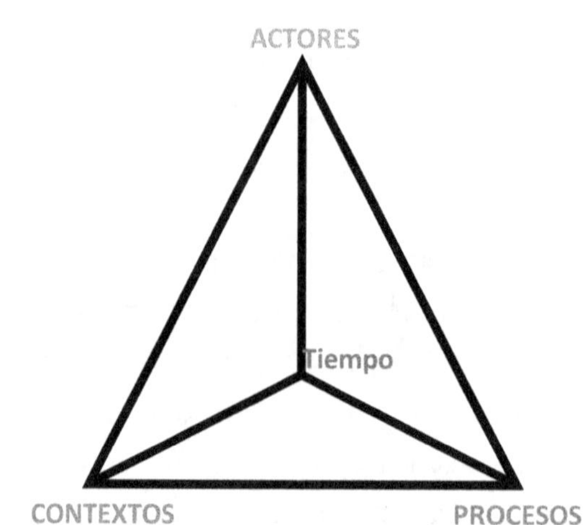

Los tres componentes constitutivos básicos de la TdC se encuentran estrechamente interrelacionados y forman parte de un sistema con una dinámica dialéctica en la que los **Actores** sociales al interior de los **Contextos** complejos generan **Procesos** de cambio. Sin embargo, dichos componentes básicos sólo adquieren sentido pleno si son vistos a lo largo del tiempo, desde una lógica histórica poliédrica, pues los análisis puntuales de coyuntura, vistos de manera aislada, distorsionan nuestra necesaria perspectiva integral y holística de realidad. Cualquier proceso o actor no puede ni debe ser analizado en función de sí mismo sino como parte de un conjunto, integrado indisolublemente a un entorno.

De esta forma, la TdC no pretenden plantear una propuesta específica de atención a un

---

[1] En esta condición básica se fundamenta el denominado *principio hologramático* descrito por el sociólogo y filósofo francés Edgar Morin en su famoso "pensamiento complejo".

problema en determinado momento, detectado a través de un diagnóstico puntual especialmente diseñado para tal fin, sino que construye una auténtica estructura lógica de pensamiento con perspectiva histórica que da sustento a una intervención o conjunto de intervenciones que persiguen la realización de una Visión de Futuro. Dicha estructura, teórico-práctica, es diseñada atendiendo principalmente los procesos participativos de los actores involucrados en la intervención, sustentada en la dinámica de intereses y la distribución del poder.

Con respecto a su denominación, el enfoque de la TdC recibe diversos nombres, siendo conocido también como "Teoría Causal Subyacente", "Ruta de Cambio", "Motor de Cambio", "Modelo de Cambio" o "Teoría de Acción". En los últimos años ha sido usado frecuentemente en el diseño de Hojas de Ruta de propuestas de promoción del desarrollo en general, tanto por entidades públicas como organismos no gubernamentales, enfatizando su carácter estratégico.

2.2. ¿Cuál fue el origen de la TdC?

Este enfoque surge a mediados de los años noventa a partir de algunas evaluaciones participativas llevadas a cabo por el *Instituto Aspen*, con la presencia de reconocidos profesionales como Huey Chen, Peter Rossi, Michael Quinn Patton, Helene Clark y Carol Weiss. Entre las principales conclusiones a las que llegaron dichos expertos y expertas en sus procesos de análisis se encontraba la constatación que los supuestos que daban el soporte teórico-práctico a las intervenciones evaluadas carecían del suficiente sustento técnico, especialmente aquellas que presentaban un mayor grado de complejidad, además de encontrase poco articulados entre sí.

Esta condición reflejaba, entre otras cosas, un profundo desconocimiento del contexto en el que se estaba interviniendo y de las dinámicas de transformación social que se daban en él. Por esta razón, la mayor parte de las hipótesis de actuación no presentaban una adecuada justificación respaldada a través de evidencias, lecciones aprendidas a partir de experiencias similares o sólidos diagnósticos. De igual manera, los actores principales de las intervenciones tampoco mostraron tener claro cuáles eran los pormenores del proceso de cambio que ellos mismos debían protagonizar, ni tampoco cuáles eran las capacidades y/o competencias que debían fortalecer en dicho proceso para hacerlo realmente sostenible, por lo que su nivel de implicación solía presentarse de manera recurrente como bajo o muy bajo. De esta forma, el equipo técnico de las evaluaciones verificó que las lógicas de participación desarrolladas en los proyectos desempeñaban más un rol formal que de auténticos mecanismos de empoderamiento, mostrándose siempre poco eficaces y, por tanto, con mínima capacidad transformadora.

Es por esta razón que algunos de estos expertos, tales como Carol Weiss y Helene Clark, desarrollaron un enfoque metodológico que focalizase su atención principalmente en la construcción sustentada de los supuestos teórico-prácticos de la propuesta transformadora de intervención, surgiendo así lo que hoy conocemos como TdC. Posteriormente, a medida que dicho enfoque se fue consolidando, más profesionales de instituciones públicas y privadas se involucraron paulatinamente en su aplicación y desarrollo. Actualmente son muchas las organizaciones que han hecho suya la TdC, enriqueciéndola permanentemente a través de nuevos componentes y perspectivas de aplicación en una importante variedad de contextos y países. Entre las instituciones que la aplican podemos encontrar ONGDs, agencias bilaterales y multilaterales de cooperación internacional para el desarrollo y la ayuda humanitaria, fundaciones, universidades, institutos de investigación, etc.

2.3.   ¿Por qué se dice que la TdC es un enfoque crítico?

Tomando como referencia directa la experiencia acumulada por el CEEM, una de las más importantes novedades que trae el enfoque de la TdC es el vínculo directo que establece entre herramientas técnicas de gestión de políticas, programas y proyectos con los diferentes análisis críticos de los enfoques de desarrollo y cooperación internacional vigentes, intentando evitar así intervenciones estrictamente formales y/o tecnocráticas. Sabemos bien que el problema de la falta de desarrollo en los países mal llamados en algún momento "del tercer mundo" es principalmente un asunto de carácter político y no exclusivamente técnico, razón por la cual es imprescindible que cualquier intervención técnica especializada esté profundamente comprometida e identificada con una determinada perspectiva teórica y política pues de ello dependerá su real eficacia e impacto.

Hasta el momento, las intervenciones de desarrollo habían sido presentadas erróneamente como asépticas, desprovistas de tendencia política y/o económica, es decir, imparciales. Sin embargo, desde una perspectiva crítica de intervención, se debe considerar como axioma fundamental la incuestionable idea que la pobreza tiene su auténtico origen en la desigualdad y la injusticia social, problemáticas mucho más complejas de abordar y de mayor raigambre sociocultural y político que la mera carencia de recursos económicos por parte de un determinado colectivo marginado.

La TdC, al buscar las incuestionables evidencias que sustentan cualquier intervención, exige una identificación adecuada y un abordaje efectivo de las reales y profundas causas de las desfavorables condiciones sociales que pretende transformar. Desde esta perspectiva crítica, el enfoque de la TdC facilita la deconstrucción de los supuestos básicos implícitos que están detrás de los modelos de desarrollo y de sus respectivos programas de implementación. Busca el análisis y atención de las verdaderas causas que imposibilitan el cambio social necesario, atendiendo así a los diferentes llamados de atención formulados por la comunidad internacional en foros de alto nivel como Paris, Accra y Busán, preocupada de manera muy especial por la evaluación de la eficacia de la cooperación internacional y las limitaciones presentadas en los numerosos procesos de promoción del desarrollo emprendidos en las últimas décadas. Un creciente cuestionamiento que, desde hace muchos años, nos exige mostrar claros fundamentos de los logros alcanzados y también encontrar las profundas razones de los numerosos fracasos ocurridos.

Debido a que reivindica permanentemente la necesidad de la participación y el empoderamiento comunitario como fundamento de las intervenciones de desarrollo, este enfoque resulta particularmente muy útil para los diferentes actores involucrados (grupos de interés) en los programas y proyectos pues sustenta teórica y empíricamente la defensa de sus objetivos, expectativas e intereses. Es decir, desde la TdC se trata de saber no sólo el "qué" y el "cómo" se va a intervenir, sino también el "por qué" y el "a quién beneficia" de la intervención, confiriendo una capacidad de comprensión y justificación mucho más amplia, sustentada y madura para la gestión y el involucramiento en los procesos estratégicos de toma de decisiones. Además, conociendo todos los fundamentos de la intervención no sólo están mucho mejor respaldadas las acciones a realizar sino que, ante un eventual cambio de contexto, es mucho más sencillo llevar a cabo los ajustes que sean necesarios sin desvirtuar el objetivo central de la misma.

Al hacer un análisis de las dinámicas locales de poder en los colectivos destinatarios, la TdC puede identificar los grupos hegemónicos existentes en dicha población y discernir si un determinado discurso o requerimiento es realmente consensuado o se trata de una imposición sociocultural de los mencionados grupos de poder vigentes. Esta claridad es indispensable si lo que se quiere es empoderar realmente a la población más vulnerable, en vez de reforzar los esquemas tradicionales que sustentan a las jerarquías locales. Para identificar dichas dinámicas es imprescindible hacer uso de las diferentes herramientas que la sociología, la antropología y las ciencias políticas han puesto en nuestras manos, llevando a cabo procesos de análisis como, por ejemplo, las "etnografías del desarrollo" desde perspectivas decoloniales. Dichas perspectivas facilitan la focalización del análisis bajo parámetros locales y su interconexión histórica y cultural con los grandes procesos globales, en diálogo con las realidades interconectadas de otros países y regiones, construyendo epistemologías y narrativas críticas desde el sur y, al mismo tiempo, cuestionando las ya clásicas matrices coloniales de poder y discursos hegemónicos anquilosados tales como los construidos desde el eurocentrismo, por ejemplo.

De manera general, por su carácter sistémico y sintético, la TdC presenta de manera nítida y esquemática toda la lógica de intervención de cualquier instrumento de promoción del desarrollo, enfatizando especialmente en la dinámica de sus cadenas causales, las mismas que constituyen el sustento teórico-práctico de los resultados propuestos. Es por ello que la TdC define inicialmente los principales objetivos a largo plazo, concebidos como visiones de éxito o de futuro, para luego mapear retrospectivamente la ruta de transformación social, identificando el conjunto de cambios necesarios que deben hacerse (es decir, las condiciones previas). En tanto teoría que plantea el camino para alcanzar una determinada visión de éxito, propone un modelo de intervención completo y flexible desde el cual es posible poner a prueba todas las hipótesis y supuestos fundamentales de soporte.

2.4. *¿Qué son los Modelos Lógicos?*

De acuerdo a la "Guía de Desarrollo de Modelos Lógicos" de la Fundación W.K. Kellogg, un modelo lógico *es una forma sistemática y visual de presentar y compartir su comprensión de las relaciones entre los recursos que dispone para operar su programa, las actividades que planea realizar, y los cambios o resultados que espera obtener"* (2001: 1). Es decir, describe los aspectos básicos de una intervención en el tiempo, desde la concepción de la idea hasta la obtención de los resultados a largo plazo. De esta manera, se convierte en la hoja de ruta de los encadenamientos causales de la lógica de intervención, describiendo detalladamente su articulación y secuencia. Los modelos lógicos suelen usar diversos tipos de formatos para su representación gráfica, entre los que se encuentran con mayor frecuencia las matrices, los mapas conceptuales, los diagramas de flujo y los organigramas.

Un modelo lógico básico es una representación visual sistémica que contiene seis niveles de intervención, desde los cuales se articulan las acciones y sus respectivos resultados dirigidos a generar el cambio social planificado, estableciendo una secuencia lógica entre medios y fines. Estos niveles son: Insumos o Recursos, Actividades, Productos, Efectos, Impactos y Contexto en el que desarrolla la intervención. No necesariamente debe presentar una secuencia lineal, pues depende de la concepción misma de la intervención y del contexto donde ésta se desarrolle. Intervenciones relacionadas con el fortalecimiento de capacidades institucionales, la transferencia de conocimientos usando dinámicas de cascada o los procesos productivos agropecuarios, por ejemplo, plantean casi siempre lógicas cíclicas ascendentes (movimiento escalonado en forma de bucle).

Gráfico N° 2 – Esquema de Modelo Lógico

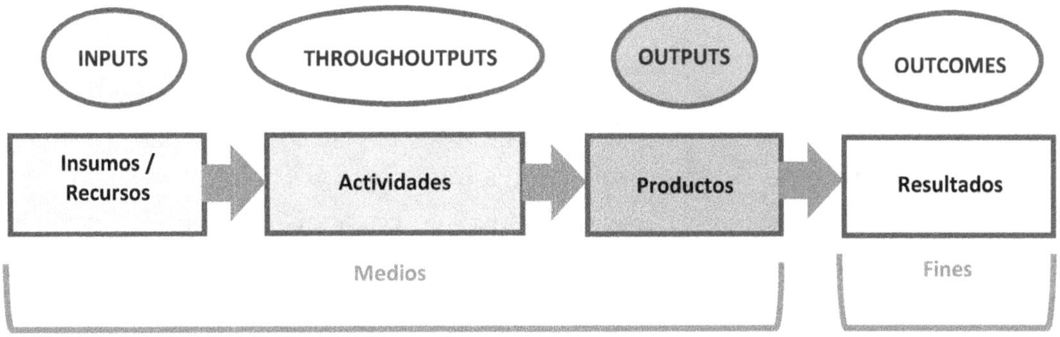

Debido a que representan estructuralmente estrategias articuladas de intervención, tanto la Matriz de Planificación de Proyecto (MPP), principal expresión gráfica del Enfoque de Marco Lógico (EML), como la Cadena de Resultados, una de las representaciones gráficas más importantes de la TdC, son modelos lógicos, aunque en el entorno de planificación y gestión de proyectos tal denominación se asocie más a la TdC.

2.5. ¿Cómo sabemos si una TdC está adecuadamente planteada y va a garantizar la obtención de determinados resultados?

Como insumo inicial, podemos mencionar que existen al menos cuatro criterios estándar de calidad, consensuados por todas las instituciones que inicialmente desarrollaron este enfoque. Dichos criterios son los siguientes:

- **Pertinencia / Plausibilidad:** Referido a la lógica y la coherencia de cada uno de los componentes de la Cadena de Resultados, presentación síntesis de las propuestas de intervención. Dicha lógica debe recoger el máximo de lecciones aprendidas identificadas en el sector correspondiente a lo largo de los años acumulados de experiencia. Interesa de manera muy especial el profundo conocimiento que los diseñadores y gestores de las propuestas tengan en el sector (o sectores) de intervención, en el contexto específico de trabajo (país, región, localidad) y con los principales actores sociales participantes, considerando un énfasis particular en los antecedentes históricos de intervenciones afines.

- **Viabilidad:** Este criterio está referido a las posibilidades realistas de lograr los efectos e impactos propuestos, las mismas que dependerán principalmente tanto de las capacidades efectivas de todos los actores involucrados en la intervención como de las condiciones actuales y futuras del respectivo contexto. Se trata de un criterio que requiere permanente revisión técnica y participativa a través de los análisis de factibilidad.

- **Capacidad crítica:** Referida a los instrumentos de análisis de supuestos, de sensibilidad y a los indicadores de cambio concebidos como mecanismos de medición de los logros alcanzados. Este criterio cobra una importancia fundamental si recordamos que nos encontramos actualmente en un contexto particularmente crítico, muy cuestionador de la eficacia, eficiencia e impacto de las intervenciones de promoción del desarrollo llevadas a cabo hasta el momento. Dichas críticas están dirigidas principalmente a destacar la necesidad de abordar las verdaderas causas de los problemas de desarrollo, los mismos que están relacionados con la injusta distribución de la riqueza y sus consecuencias directas en las estructuras sociales y las relaciones internacionales.

- **Alcance apropiado:** Este criterio alude a la capacidad que tiene la propuesta de intervención para ser comunicada con facilidad a todas las audiencias clave involucradas, especialmente a aquellos actores que tienen un mayor protagonismo y, al mismo tiempo, una condición particular de vulnerabilidad. La comunicación de los resultados obtenidos y su respectivo alcance se convierten, en sí mismos, en un componente más del impacto.

2.6.   *¿En qué niveles de intervención es posible implementar la TdC?*

Debido a su versatilidad operativa, el enfoque de TdC se puede implementar en los diferentes niveles de intervención. Entre los más representativos podemos mencionar los siguientes:

- **Nivel Macro:** El mismo que se trabaja en torno a enfoques y modelos operativos de desarrollo, así como también con sus respectivos sustentos teóricos.

- **Nivel Sectorial:** Referido al sector específico de intervención, por ejemplo, el sector social (con sus respectivos subsectores como salud, educación, etc.), o el sector económico (con subsectores como el industrial, artesanal, microempresarial, etc.)

- **Nivel Organizacional:** Relacionado con el trabajo de fortalecimiento y cambio institucional realizado en las organizaciones ejecutoras de propuestas de intervención.

- **Nivel de Programas y/o Proyectos:** En el que la mayor parte de las propuestas se centran, aunque el resto de niveles también pueden ser incorporados de manera simultánea.

Desde algunas perspectivas actuales de uso de la TdC se concibe dicho enfoque como un marco estratégico, de nivel macro, que puede ser complementado por otros enfoques más estandarizados (como el EML por ejemplo) en los siguientes niveles de intervención. Sin embargo, aunque teóricamente podría ser posible aplicar parcialmente y por separado la TdC en uno o más niveles indistintamente, como hemos mencionado anteriormente el carácter sistémico de este enfoque exige mantener la coherencia y plantear abordajes desde una perspectiva multinivel, potenciando la capacidad de análisis y evaluación de posibles efectos e impactos generados desde las intervenciones debido a su lógica integral y transversal.

2.7.   ¿Cuáles son las ventajas de aplicar la TdC?

En primer lugar, al incorporar la gestión de la incertidumbre como un componente fundamental, el enfoque de la TdC capta y analiza de mejor manera la complejidad de la dinámica social y el proceso mismo de cambio, planteando una perspectiva más amplia e integral si la comparamos con los anteriores acercamientos ofrecidos desde las teorías de promoción de desarrollo implementadas hasta el momento.

Asimismo, toma en cuenta especialmente las relaciones e interdependencia entre los diferentes actores de la intervención, visualizando óptimamente la trama de fortalezas, debilidades, expectativas, intereses y capacidad de influencia de dichos actores, es decir, las dinámicas de distribución del poder, así como los diferentes elementos condicionantes de su entorno, considerando la multiplicidad de factores que afectan directa e indirectamente la dinámica del cambio social. Desde esta perspectiva, se trata de un análisis más realista.

La atención principal de la TdC se centra en el proceso de transformación social, analizando los impactos generados, la cadena de resultados y su lógica de causalidad. De igual forma, presenta un importante carácter flexible, diferenciándose de los anteriores esquemas de planificación, seguimiento y evaluación, los que han mostrado pautas de implementación más rígidas y sesgadas. Sin embargo, tal vez la ventaja más importante del uso de la TdC radique en su perspectiva crítica. Es necesario cuestionar los enfoques y metodologías que se han empleado hasta el momento para promover el desarrollo y la cooperación internacional debido a lo poco significativo de sus logros. Salvo muy raras excepciones, no se han propiciado cambios realmente estructurales y permanentes en los países en vías de desarrollo durante los últimos treinta años (Monje, 2018: 95). En términos generales, si tomamos como referencia indicadores integrales que midan las características específicas de los grupos poblaciones más numerosos y con mayores grados de vulnerabilidad socioeconómica, la pobreza y la desigualdad ha seguido aumentando en la mayor parte de dichos países. Esas son algunas de las innumerables inconsistencias de la versión oficial sobre los modelos de desarrollo vigentes que suelen esconderse tras los grandes promedios, los populistas discursos triunfalistas y la estandarización forzada de las características generales de la población en un país.

2.8. *¿Cómo se diseña una TdC?*

Para construir una TdC en torno a una determinada intervención, es necesario seguir mínimamente los siguientes pasos:

- Primer paso: Actualización de los ***Paradigmas de Análisis de Contexto.***
- Segundo Paso: Identificación de la ***Dinámica Multiactores.***
- Tercer Paso: Construcción de la ***Visión de Éxito.***
- Cuarto Paso: Definición de las ***Precondiciones.***
- Quinto Paso: Identificación de las ***Intervenciones.***
- Sexto Paso: Articulación de los ***Supuestos.***
- Séptimo paso: Definición de los ***Indicadores de Cambio.***
- Octavo Paso: Diseño de la ***Cadena de Resultados.***
- Noveno Paso: Redacción del ***Sustento Narrativo.***

Algunas metodologías de diseño de TdC no suelen presentar el primer paso como necesario, asumiendo que este cambio de perspectiva funcionará como un criterio transversal en el proceso de construcción de la propuesta, especialmente en la progresiva definición de los diferentes componentes de la Cadena de Resultados. Sin embargo, es muy importante desde un primer momento cambiar la mirada con la que observamos el entorno como actitud fundamental de partida para iniciar un auténtico proceso de transformación social. La razón principal para adoptar esta postura se basa en que los paradigmas oficiales con los que se suelen analizar los contextos son políticamente sesgados y pretenden, casi siempre, inducirnos a percepciones erróneas e incompletas de la realidad.

2.9. *¿Qué diferencias existen entre la Gestión Por Resultados y la TdC?*

Toda gestión dirigida a la obtención de resultados está sustentada en una rigurosa lógica de causalidad, razón por la cual su estructura básica siempre responde a un modelo lógico. En su versión más elemental, dicha gestión está construida sobre la base de un conjunto de insumos y actividades que conducen progresivamente a la obtención de productos, efectos e impactos. Esta secuencia lógica lineal se suele representar a través de una Cadena o Marco de

Resultados, expresión gráfica donde se exponen los detalles de las relaciones causa-efecto. Como parte de dicha relación causal, la gestión orientada a resultados exige un análisis periódico de los niveles de eficacia que posee cada uno de sus componentes, así como de la probabilidad de ocurrencia de los supuestos planteados.

Desde esta perspectiva, la denominada Gestión por Resultados (GpR), enfoque oficial de gestión pública en muchos países del mundo, es aquel tipo de gestión que proporciona las herramientas para la planificación estratégica, la gestión de riesgos, el monitoreo del desempeño y la evaluación programática, partiendo de un modelo lógico. Sus objetivos principales son mejorar el aprendizaje administrativo y cumplir las obligaciones de rendición de cuentas mediante la información de desempeño. Diversas técnicas de la GpR fueron desarrolladas durante los años noventa, entre las que se destacan la planificación estratégica basada en resultados, el uso de modelos lógicos o marcos de resultados de proyectos, los presupuestos por resultados junto con el monitoreo y evaluación (M&E) basado en resultados.

En términos comparativos, este enfoque presenta algunas diferencias importantes con la TdC entre las que debemos destacar los niveles de profundidad en los análisis y la perspectiva de diseño e implementación de la planificación estratégica. En relación con la complejidad en diagnósticos y propuestas de intervención, podemos apreciar que la mayor parte de los instrumentos usados por la GpR, especialmente las Cadenas de Resultados, presentan planteamientos basados en interconexiones causales lineales directas, muy semejantes a la estructura metodológica propuesta desde el EML. De hecho, las Cadenas de Valor Público (CVP), uno de los principales instrumentos del enfoque de GpR, presentan una estrecha articulación con las matrices de planificación de programas y proyectos de inversión pública construidos a través del EML, situación perfectamente comprensible si consideramos que actualmente en muchos gobiernos este enfoque tiene carácter oficial.

3. ANÁLISIS ESTRATÉGICO DEL CONTEXTO

Cada vez con mayor frecuencia, apelando a una necesidad práctica de ser más eficiente con el uso de tiempos y recursos, los equipos técnicos de programas y proyectos recurren a diversas metodologías simplificadoras de análisis de contexto como únicas herramientas de soporte, las mismas que no siempre contribuyen a alcanzar las metas propuestas de la mejor manera posible. Todo lo contrario, estas metodologías inadecuadamente calificadas como "ágiles" suelen sesgar los análisis de tal forma que hacen inviable ya no sólo contar con una visión integral de la situación presente sino que, al mismo tiempo, también imposibilitan proyectar una mínima visualización de escenarios futuros.

Los riesgos del uso inapropiado de dichos instrumentos son muchos, pero entre los más comunes están la tendencia a las generalizaciones y el empleo frecuente de estereotipos. De esta forma, distorsionan gravemente los datos de realidad propiciando imágenes erróneas y/o incompletas del entorno y de las relaciones causa-efecto vinculadas con la problemática específica que se quieren atender. El uso indiscriminado de sondeos o "diagnósticos rápidos", vistos no como primeras y parciales aproximaciones sino como estudios definitivos a partir de los cuales es posible sustentar decisiones estratégicas, es uno de los más claros y recurrentes ejemplos de planteamientos que han contribuido a generar mucha desinformación y desconocimiento. Es por tal motivo que la TdC promueve la recuperación de los estudios de contexto a profundidad, de carácter sistémico, los mismos que no necesariamente deben estar reñidos con esquemas ágiles y participativos de análisis.

3.1. *¿Cómo se realiza el análisis del contexto desde la perspectiva de la TdC?*

Tal vez el aporte más representativo legado por la TdC radique en la forma cómo abordar la complejidad de los cambios propuestos desde la concepción misma de la intervención.

Dicho abordaje plantea, desde nuestros vigentes esquemas de planificación y evaluación de procesos de promoción del desarrollo, un paso necesario pero muchas veces postergado. Nos referimos a la actualización de los paradigmas de análisis del contexto desde los cuales nos proponemos realizar los cambios.

A continuación, revisaremos de manera esquemática la forma cómo se ha enriquecido la perspectiva de análisis del contexto desde la TdC, recogiendo innovadoras metodologías e instrumentos de interpretación de la realidad, a diferencia de otros enfoques más tradicionales desde los cuales no se consideran significativamente los múltiples avances que las ciencias sociales han desarrollado en las últimas décadas.

Desde esquemas clásicos de análisis de contexto, empleados aún por muchos organismos promotores del desarrollo, tanto gubernamentales como no gubernamentales, podemos apreciar que buena parte de los diagnósticos elaborados para el diseño de intervenciones, implementados desde perspectivas mal llamadas "pragmáticas", se realizan empleando enfoques bidimensionales de pensamiento, es decir, centrados en reducidos aspectos de la realidad, sin abordar adecuadamente la complejidad total de dichos entornos, su dimensión poliédrica. Sin embargo, tal como afirman Earl, Carden y Smutylo, *"la forma de pensar lineal 'causa-efecto' se opone a la concepción de desarrollo entendido como un proceso complejo que se produce en sistemas abiertos"* (2002: 8). Como bien sabemos, esta compleja realidad es multidimensional y multicausal, razón por la cual debe ser estudiada desde diferentes puntos de vista y considerando el máximo de aristas posibles.

Los restrictivos esquemas de análisis de contexto para el diseño de intervenciones son heredados fundamentalmente de planteamientos surgidos en la década de los sesenta del siglo pasado, durante los primeros años de diseño de las teorías de desarrollo e implementación de los mecanismos oficiales de cooperación internacional, y siguen empleando instrumentos focalizados en revisiones coyunturales y de carácter puntual. Es decir, desde esta perspectiva no se realizan interpretaciones del entorno que consideran primordiales las determinantes históricas y culturales de los fenómenos sociales, tomando en cuenta únicamente sus características inmediatas y visibles, ni se califican como imprescindibles los análisis de distribución del poder y protagonismo de los grupos hegemónicos locales. Esta condición impide siempre ir más allá de lo evidente. Los estudios estructurales de contexto de carácter crítico, multidimensional e histórico, tales como las etnografías del desarrollo o los estudios decoloniales, por ejemplo, nos muestran dichas ausencias y la manera en que se pueden realizar análisis de contexto desde perspectivas más integrales.

Debemos recordar que generalmente para las intervenciones gestionadas desde la cooperación internacional para el desarrollo e incluso desde la propia gestión pública de muchos países en vías de desarrollo ha sido escaso ese tipo de análisis, especialmente a la hora de diseñar programas y proyectos destinados a generar impactos significativos. En tales casos, con frecuencia no se ha logrado definir adecuadamente los roles que le tocaba desempeñar a cada uno de los actores involucrados y a la intervención misma, identificando con poca exactitud sus verdaderos alcances, potencialidades y niveles de contribución en los procesos generadores de cambios estructurales. La razón fundamental radica en que la cooperación internacional, por sí misma, no puede generar cambios en esas dimensiones. Es imprescindible el protagonismo principal del Estado y de la población involucrada como principal gestora del cambio. Son los planes implementados realmente participativos de desarrollo de las diferentes instancias gubernamentales las que propiciarán auténticos procesos estructurales de transformación.

Los actores involucrados en procesos de cambio social apoyados desde la cooperación internacional para el desarrollo no siempre han tomado conciencia de las limitaciones efectivas del apoyo puntual (y muchas veces bastante reducido) que constituye esta cooperación ni de la necesidad de basar el éxito de las intervenciones en sus capacidades locales efectivas, en el poder gestor de los Estados y, sobre todo, en el valor social de la participación comunitaria, libre y democrática. Se trata entonces de considerar muchos más protagonistas en los análisis de contextos, más escenarios, más variables de análisis y una mayor variabilidad en las relaciones de poder, sus componentes y entornos.

Para visualizar de mejor manera la lógica que podría implicar esta transformación en nuestros paradigmas de análisis y decisión estratégica, un buen ejemplo gráfico que solemos presentar en nuestras exposiciones desde el CEEM es el ajedrez tridimensional o Raumschach, una interesante variante del deporte ciencia inventada por Ferdinand Maack en 1907. En esta innovadora versión, que rompe el esquema clásico bidimensional del tablero plano único, los movimientos se desarrollan en un tablero tridimensional consistente en un cubo dividido en cinco espacios iguales a través de cada uno de sus tres planos principales (octogonales), originando un volumen total de juego de 125 casillas. La práctica de esta variante, entre otras cosas, implica un imprescindible cambio radical de perspectiva, exigiendo pasar de una lógica estratégica reducida (plana, bidimensional) a otra tridimensional, mucho más compleja y dinámica.

Desde esta perspectiva, no es adecuado realizar diagnósticos en los que cada sector sea visto de manera fragmentada, realizando apartados inconexos dedicados a la situación social, cultural, económica y/o política de determinada población. Por el contrario, es imprescindible analizar dichos sectores de manera integral, enfatizando en sus interconexiones con el conjunto, profundizando en sus respectivas sinapsis y generando espacios mixtos (análisis socioeconómicos, socioculturales, económico-políticos, etc.). Se debe tomar conciencia que la segmentación de la realidad es un simple recurso metodológico empleado para simplificar los análisis, pero con la conciencia de base que dicha realidad es integral y que los límites y espacios comunes entre estos sectores no están absolutamente definidos. Por esta razón, desde el CEEM se propone la realización de análisis de la realidad tipo *"cotte de maille"* (cota de malla) y/o de redes a través de los cuales se interrelacionan todos los sectores a través de sus ejes comunes y sus espacios compartidos.

Adicionalmente, también planteamos la necesidad de descolonizar los enfoques e instrumentos que usamos para analizar nuestras propias realidades (De Sousa Santos, 2010). En ello radica lo esencial de la perspectiva crítica de la TdC en contextos complejos. Es preciso dejar de lado las estructuras de pensamiento heredadas e impuestas, las mismas que condicionan inconscientemente nuestra forma de percibir las cosas y de actuar en nuestro entorno. Por tal motivo, adoptar y desarrollar tal perspectiva implica conocer a profundidad y cuestionar los enfoques y las metodologías tradicionales que nos han llevado a esta sesgada comprensión e intervención oficial de nuestro contexto. Analizar profundamente, por ejemplo, la utilidad real que enfoques de análisis de contexto y promoción del desarrollo, los mismos que incorporan indicadores oficiales reconocidos internacionalmente tales como el Producto Interno Bruto (PIB)[2] o al pobreza monetaria[3], por ejemplo, para clasificar a los países y sus poblaciones, sustentando el diseño e implementación de determinados tipos de políticas públicas e internacionales en base a dicha información tendenciosa.

---

[2] Aunque el PIB no se refiere directamente al bienestar económico ni social de una población determinada, suele ser tomado errónea y/o tendenciosamente como indicador para referir dicha situación, eludiendo perspectivas de análisis más pertinentes relacionadas con la medición de los verdaderos sectores del desarrollo (educación, salud y vivienda, por ejemplo) y, especialmente, de los problemas de equidad en la distribución de los ingresos.

[3] Lo mismo ocurre con la medición de la pobreza de una población determinada tomando como principal referente al método de la Línea de Pobreza (LdP), el mismo que tampoco toma en cuenta mediciones de los verdaderos sectores del desarrollo ni tampoco aspectos estrictamente subjetivos (*Pobreza Subjetiva*).

3.2. *¿Cuáles han sido las principales dificultades para implementar un cambio de paradigma en el análisis de contextos?*

La oficialización del EML como paradigma hegemónico de diseño, gestión y evaluación de proyectos de cooperación internacional para el desarrollo y de inversión social pública y privada solucionó en su momento, entre otras cosas, una serie de problemas técnico-administrativos derivados de la presencia de múltiples organizaciones financiadoras de proyectos, pues cada una de las cuales planteaba su propio esquema de intervención, lineamientos de política, formatos y metodología. Sin embargo, con dicha estandarización también se instaló una única forma consensuada de hacer las cosas "oficialmente", bloqueando de manera significativa la posibilidad de innovar herramientas y metodologías más pertinentes, susceptibles de ser permanentemente adaptadas a la realidad en consecuente respuesta a los retos del cambiante entorno.

En el marco de esta forzada oficialización, el Árbol de Problemas se convirtió en el instrumento de síntesis de los análisis de contexto por excelencia, desde el cual se debían derivar las lógicas de intervención y la construcción de las propuestas que se traducirían en las respectivas MPP. Al tratarse de una herramienta bastante amigable y eminentemente participativa, tuvo un alto nivel de aceptación, llegando a encabezar todos los estudios de entorno que se realizaban desde el EML. Lo mismo ocurrió con los llamados "diagnósticos rápidos", aplicados tanto a realidades rurales como urbanas. En un atrevido afán de simplificar al máximo la compleja realidad, para hacerla más comprensible y manejable, se elaboraron cientos de estos diagnósticos como soporte técnico en el diseño de intervenciones dirigidas a promover el desarrollo. Y aunque la mayor parte de dichos diagnósticos fueron participativos, esta condición no los exoneró de caer en excesivas simplificaciones y refuerzo de estereotipos.

Los grandes problemas de diagnóstico surgieron cuando este tipo de instrumentos síntesis se convirtieron en el principal (y muchas veces en el único) mecanismo para realizar los necesarios análisis de contexto. Bajo estas circunstancias, era frecuente ver que en los ejercicios participativos de diseño de proyectos (por lo general talleres de dos o tres días como máximo) se realizasen tan sólo lluvias de ideas y dinámicas de Metaplan a través de las cuales se construían instrumentos como árboles causales y/o de decisiones, diagramas de Venn, transectos o matrices, con mayor o menos nivel de complejidad., para convertirlos inmediatamente después y de manera sintética en Árboles de Objetivos y finalmente en la estructura básica de las MPP, herramienta central de la propuesta de intervención.

La deficiencia radicaba en que estos ejercicios participativos no solían recurrir a estudios previos más profundos e interdisciplinarios, con diagnósticos integrales, análisis de expertos y lecciones aprendidas de experiencias similares anteriormente implementadas, basando el origen de la lógica de intervención únicamente en el conocimiento y experiencia de los y las participantes en ese momento de aquellos talleres. La presentación sistemática de los antecedentes históricos, por ejemplo, quedaba generalmente al margen de estas dinámicas.

Al mismo tiempo, como ya hemos señalado antes, el uso acrítico de determinadas metodologías e indicadores estándar ha parcializado los análisis, impidiendo explorar nuevos abordajes y, por tanto, imposibilitando la profundización de las verdaderas causas estructurales de los problemas sociales, lucha de intereses y el planteamiento de soluciones innovadoras y radicalmente opuestas a las alternativas tradicionales, las mismas que en reiteradas oportunidades ya han mostrado su gran ineficacia.

3.3. ¿Cuáles son las principales críticas que se plantean al EML?

Uno de los principales instrumentos que refleja con mayor claridad la antigua perspectiva de planificación, diseño, seguimiento y evaluación de las intervenciones de promoción del desarrollo es el EML. Este enfoque surge en la década de los sesenta del siglo pasado, en circuitos bastante distantes en acción e intención a la promoción del desarrollo y la cooperación internacional. Y aunque ha logrado crear un lenguaje común entre los actores involucrados en la gestión de los proyectos, no deja de presentar una serie de limitaciones que es necesario superar en la brevedad posible.

Entre sus más representativas limitaciones, señaladas en reiteradas oportunidades por diferentes expertos en el tema (tales como Oliver Bakewell y Anne Garbutt, Des Gasper o Richard Hummelbrunner, entre otros), se encuentra el hecho que el EML no sustenta su propuesta de cambio con una teoría articulada e integral de respaldo, evidenciando un déficit de soporte técnico bastante serio pues basa todo su planteamiento de intervención, en el mejor de los casos, en una mera hipótesis de trabajo.

Asimismo, no enfatiza la importancia que tienen las relaciones horizontales, multidireccionales y cruzadas entre los diferentes niveles de intervención como elementos clave en la comprensión del cambio que se desea generar. Con respecto a la horizontalidad, por ejemplo, se plantea muchas veces la importancia de la participación de las poblaciones destinatarias, pero no se aclara adecuadamente cuáles serán los correspondientes niveles de poder asignados ni el protagonismo en los procesos de toma de decisiones estratégicas, al no requerir de un análisis profundo de actores. Es por esta razón que el EML, tanto en la lógica de intervención como en la formulación de supuestos, no suele tomar en cuenta las diferentes dinámicas que se generan en las relaciones multiactores en toda su complejidad, especialmente sus componentes de incertidumbre, estableciendo generalmente vínculos simples y unívocos de causalidad. Y es que en este tipo de análisis de la realidad social es mejor aplicar siempre un criterio práctico de discernimiento: *"si parece demasiado simple es porque es incorrecto"*.

Por otro lado, como planteamiento medular presenta una propuesta de resolución de un problema central desde una perspectiva sincrónica, sin una observación histórica de sustento ni mayores posibilidades de flexibilizar periódicamente los criterios de planificación de manera ágil e inmediata, cayendo muchas veces en el uso de lógicas mecanicistas. De esta forma, el factor tiempo se convierte en la piedra angular de la debilidad del EML ya que asigna reducida atención a la complejidad histórica de los procesos sociales, económicos, políticos e institucionales que subyacen a los cambios sociales. Esta es la razón por la cual los factores externos o supuestos construidos en torno a los mismos suelen aparecen como fórmulas estándar ("políticas públicas sectoriales favorables" o "adecuadas condiciones climáticas", por ejemplo) sin lograr avanzar más en la definición y análisis de escenarios futuros. Esta especie de "miopía histórica" también explicaría por qué hasta el momento no se han desarrollado suficientes y adecuados sistemas de monitoreo de entorno basados en el EML y con potentes indicadores de supuestos y seguimiento permanente de escenarios.

Es esa la razón por la cual el diseño de escenarios debe ser uno de los ejercicios más importantes no sólo en la planificación de programas y proyectos sino especialmente durante su seguimiento y evaluación. Como veremos más adelante, son los invaluables aportes de la Prospectiva Estratégica los que enriquecen a la TdC, haciéndola absolutamente innovadora y pertinente para nuestros contextos pues es a través de los posibles escenarios, elaborados sobre la base de sólida evidencia surgida del análisis de tendencias históricas de variables e indicadores clave, que se podrá visualizar probables dificultades en un futuro inmediato y hacerse los respectivos correctivos en caso de ser necesarios.

Por último, ante la necesidad de flexibilizar alguno de sus postulados iniciales, el EML generalmente requiere de largos procesos de evaluación de sustento para la inclusión de los nuevos planteamientos de intervención en la MPP, teniendo frecuentemente que realizar un nuevo proceso de planificación para oficializar los cambios, dependiendo de los protocolos específicos de las organizaciones que lo usen. Esta burocratización de sus postulados le resta agilidad y capacidad de adaptación, cualidades imprescindibles cuando se trabaja en entornos complejos y altamente volátiles.

3.4. ¿Cómo se refleja el cambio de paradigma en el análisis del contexto desde la perspectiva de la TdC?

El cambio de paradigma para los análisis de contextos complejos, emergentes y altamente cambiantes se refleja, en primer lugar, con la identificación y la necesidad de contar siempre con un mayor conocimiento a profundidad de esta realidad altamente mutable en el corto plazo, basándose siempre en evidencia técnica y rigurosamente obtenida, concebida como el factor clave más importante de la formulación, la adecuada intervención y la posterior evaluación de la misma. Hoy se sabe que requerimos de mucha más información, análisis, generación y gestión de conocimiento de la que solíamos considerar tradicionalmente para alcanzar con éxito los objetivos propuestos por las intervenciones promotoras de desarrollo. La ausencia de estos procesos intermedios, tanto en cantidad como en calidad, ha sido uno de los más representativos factores clave de fracaso de los programas y proyectos en años anteriores.

De manera especial, este cambio de paradigma también se muestra con el surgimiento de nuevas herramientas de gestión de procesos de cambio, mejor adaptadas a las características vigentes de los modernos contextos, y de sus innovadoras aplicaciones a los diferentes sectores de la promoción del desarrollo. Me refiero tanto a la propia TdC como también a otras muchas como el Mapeo de Alcances, la Teoría Basada en la Evaluación o el Cambio Más Significativo, por mencionar las más representativas. Actualmente existe mucho instrumental técnico de primer nivel generado en años recientes aún no aplicado y aprovechado en su máximo potencial. El Mapeo de Alcances[4] es uno de los casos más

---

4 Para mayor información sobre este importante enfoque, se puede consultar el siguiente enlace del IDRC (Canadá): https://web.archive.org/web/20060904124038/http://www.idrc.ca/es/ev-9330-201-1-DO_TOPIC.html

evidentes de esta subutilización metodológica. Diseñado por el Centro Internacional de Investigaciones para el Desarrollo (IDCR/CRDI), organización perteneciente al gobierno canadiense, está centrado en los alcances que el cambio de comportamiento de la población destinataria puede presentar gracias a la intervención, analiza desde una perspectiva gráfica y sistémica los procesos de transformación en las interacciones desarrolladas por personas y grupos organizados. Es decir, no deposita su atención principal en los impactos generados como objetos de evaluación, sino en el reconocimiento de la transformación operada en los conocimientos, actitudes y prácticas individuales y grupales de las y los destinatarios de la intervención. Podemos afirmar entonces que su perspectiva de análisis está desarrollada desde los propios actores.

3.5. ¿Cómo se hace operativo este cambio de paradigma desde la perspectiva de la TdC?

Para dar un adecuado salto de la concepción teórica de la TdC, abundantemente desarrollada en las últimas décadas, a su instrumentalización efectiva es imprescindible contar con los medios mínimos pertinentes. El principal problema de la mayor parte de las actuales herramientas de análisis de contexto utilizadas para el diseño de programas y proyectos es la falta de una perspectiva integral, histórica y cultural. Esta carencia de mirada integral se refleja en diagnósticos que se presentan desarticulados, sin interrelaciones sectoriales, incapaces de ubicar con claridad relaciones causales cruzadas (directas e indirectas) entre diferentes ámbitos de un mismo contexto (social, cultural, político, económico, etc.), mientras que la falta de perspectiva histórica se denota en la carencia de series de tiempo suficientemente representativas que den cuenta del desempeño específico de las principales variables e indicadores a lo largo del tiempo.

De esta forma, solemos contar con análisis sincrónicos, planteados como fotografías estáticas en la historia, sin observaciones secuenciales de antecedentes, análisis de tendencias y, mucho menos, de serias y sustentadas proyecciones hacia el futuro. Por último, la ausencia de la perspectiva cultural abordada transversalmente (no como un componente más del contexto) tal vez sea la más desapercibida entre las carencias vigentes pues ella contiene muchos de los sustentos causales basados en las respectivas jerarquizaciones sociales junto con las dinámicas de poder local y su distribución entre los grupos hegemónicos de la población destinataria, la misma que siempre debe ser concebida como un conjunto diverso de colectivos y no como un conglomerado de población homogénea, compacta y amorfa.

Para hacer operativo este cambio de paradigma es necesario generar nuevos instrumentos, a partir de constantes ejercicios sustentando de innovación y también de la mejora continua de las herramientas más pertinentes y flexibles ya existentes. Esto incluye una obligada revisión, actualización y validación de los enfoques, metodologías e instrumentos vigentes, comprendiendo sus orígenes, su desarrollo en el tiempo y los paradigmas sociopolíticos, económicos y técnicos que los sustentan. Al respecto, una de las escasas aproximaciones metodológicas que consideran un importante número de sectores complementarios de manera sistémica y ordenada, utilizada como instrumento de diagnóstico para el diseño de programas y políticas de desarrollo, es el llamado Análisis PESTEL (Político, Económico, Sociocultural, Tecnológico, Ecológico y Legal). Dicho instrumento plantea un abordaje de carácter integral a través de las principales variables de los sectores antes mencionados. Proveniente del mundo empresarial, hasta hoy el Análisis PESTEL proporciona un esquema síntesis a los programas y políticas de desarrollo para visualizar de mejor manera la complejidad del contexto. Sin embargo, a pesar de su notable ventaja frente a otro tipo de análisis usados en procesos de diseño de intervenciones, aún no ha incorporado oficialmente como parte de su formato estándar ni la perspectiva histórica ni la cultural, componentes transversales que potenciaría sus capacidades a tal punto de hacerlo capaz de responder a los requerimientos básicos de las exigencias metodológicas de análisis coyuntural planteadas desde la TdC. De igual manera, desde una lógica sistémica de integralidad, con la finalidad de potenciar la capacidad técnica de esta herramienta, se debe considerar la necesidad de plantear análisis ad hoc para sectores mixtos, de acuerdo a las características particulares de cada contexto. Por lo general, las intervenciones de promoción del desarrollo apuntan a desarrollar alternativas ante situaciones complejas interconectadas que no se restringen a un solo sector, presentándose problemáticas socioeconómicas, sociopolíticas, económico-ambientales, etc., etc.

Para realizar adecuadamente un Análisis PESTEL, es imprescindible identificar variables y dimensiones clave al interior de cada sector que constituyen auténticos factores de riesgo y, en caso contrario, oportunidades del entorno para diseñar procesos realistas de transformación social. Es precisamente esta identificación la que permitirá contar con los factores de cambio que servirán como catalizadores de los procesos de transformación planificados. Una vez definidas estas variables y dimensiones, el análisis debe enfatizar las interconexiones entre estas variables, desde una perspectiva sistémica.

Tabla N° 1

Matriz Descriptiva de Análisis PESTEL

Nº	VARIABLES	DIMENSIONES	Indicadores más representativos	Comportamiento del indicador en el tiempo	Oportunidad o Amenaza frente al objetivo de la intervención	Relevancia para el logro del objetivo			Interrelación con otras variables	
						Alta	Media	Baja	Dentro del sector	Fuera del sector
SECTOR POLÍTICO										
1										
2										
3										
4										
SECTOR ECONÓMICO										
5										
6										
7										
SECTOR SOCIAL										
8										
9										
10										
SECTOR TECNOLÓGICO										
11										
12										
13										
SECTOR ECOLÓGICO										
14										
15										
16										
SECTOR LEGAL										
17										
18										
19										

Tabla Nº 2

Matriz de Riesgos y Oportunidades

Nº	VARIABLES	DIMENSIONES	RIESGO O AMENAZA	NIVEL DE IMPACTO	PROBABILIDAD DE OCURRENCIA	VALORACIÓN	TIPO DE RIESGO			OPORTUNIDADES
							ALTO	MEDIO	BAJO	
SECTOR POLÍTICO										
1										
2										
3										
4										
SECTOR ECONÓMICO										
5										
6										
7										
SECTOR SOCIAL										
8										
9										
10										
SECTOR TECNOLÓGICO										
11										
12										
13										
SECTOR ECOLÓGICO										
14										
15										
16										
SECTOR LEGAL										
17										
18										
19										

4. ANÁLISIS DE LA DINÁMICA MULTIACTORES

Los factores más importantes de las intervenciones de desarrollo son, sin duda alguna, los actores involucrados. El conocimiento que se tenga en torno a sus dinámicas locales de interrelación y de poder, niveles de legitimidad, junto con sus expectativas personales y colectivas, perspectivas de futuro e intereses estratégicos, es el que decidirá si el programa o proyecto que se vaya a implementar contendrá posibilidades de generar un auténtico impacto y, al mismo tiempo, condiciones efectivas de sostenibilidad o se encontrará irremediablemente condenado al fracaso.

Tal como veremos más adelante, a diferencia de otros enfoques de planificación y gestión, desde TdC concebida para contextos complejos la participación de los actores no es una mera condición formal, sino un elemento estratégico constituido por dos dimensiones: la voluntad de cambio y la construcción participativa de la visión de futuro junto con sus correspondientes implicancias reflejadas en protagonismos específicos a lo largo de la intervención.

4.1. ¿Cómo se entiende el Análisis de Involucrados desde el enfoque de TdC?

Cuando hablamos del análisis de involucrados o grupos de interés, tradicionalmente, nos referimos a la revisión que se hace de los principales actores de la intervención, tomando en cuenta aspectos como definición, objetivos institucionales, fortalezas y debilidades, tipos de alianzas y/o relación con los ejecutores/gestores de las iniciativas, y, en el mejor de los casos, actuales niveles de influencia en torno al proceso de toma de decisiones de la intervención.

Sin embargo, el análisis de las lógicas históricas de poder, definición de grupos hegemónicos y vulnerables, espacios vigentes y potenciales de interacción, conflicto y confluencia de intereses, alianzas estratégicas y protagonismo sociopolítico de dichos actores suele dejarse de lado debido a su complejidad y alta demanda de información que necesita estar permanentemente actualizada.

Los diagnósticos diseñados para la planificación y formulación de las iniciativas suelen carecer de líneas de tiempo descriptoras de sus principales componentes, de modo que, aunque se obtiene una buena fotografía del momento vigente, más o menos detallada dependiendo de quienes la realicen, no dejan de ser visiones parciales, sesgadas y estáticas de la realidad donde se pretende intervenir. Esto representa una seria desventaja desde el momento mismo de la concepción del cambio deseado, una especie de "defecto de fábrica" de la intervención que difícilmente se puede superar después.

La identificación de causalidades unidireccionales en el análisis de problemas sociales y su consecuente planteamiento de intervenciones parciales es una de las características principales de este esquema. Y en ello, lamentablemente, ha contribuido mucho la estandarización del uso de instrumentos como los árboles de problemas o el diagrama de Ishikawa (espina de pescado), cuando son utilizados como la única o más importante herramienta desde la cual se desprende la lógica de intervención. Para evitar esta deficiencia, como hemos dicho anteriormente, se recomienda, por ejemplo, análisis de entorno más complejos que incluyan el uso de herramientas gráficas tipo malla causal y de matrices de cruce de variables, desde las cuales se puede ver con mayor nitidez la compleja multidireccionalidad que siempre presenta la lógica causal de los acontecimientos.

4.2. *¿En qué consiste el Análisis Multiactores?*

Este análisis complejo constituye el soporte técnico de todo el resto de componentes pues sin saber cuáles son exactamente los protagonistas que van a intervenir, directa e indirectamente, cuál es la lógica de intereses y expectativas que subyace a sus acciones y cuál es la forma cómo se reparte y ejercita el poder en esos variados colectivos, definiendo espacios de convergencia y divergencia, es imposible definir de manera realista los resultados y las actividades que conducirán a ellos. Además, sin este conocimiento tampoco se identificarán los actores de cambio, es decir, aquellos agentes dinamizadores que protagonizarán los procesos de transformación.

El Análisis Multiactores (AMA), también denominado Mapeo Multiactores, ha pasado por una interesante y progresiva evolución, iniciando sus primeras reflexiones con los esquemas propuestos desde el conocido Análisis de Involucrados. Dicho tipo de análisis, como ya es sabido, considera el máximo número de actores implicados en la intervención, sean éstos directos e indirectos, visualizando sus más importantes características (es decir, fortalezas, debilidades, intereses, niveles de influencia, tipo de relación con ejecutores de la intervención). Para ello, hacen uso de instrumentos convencionales tales como Matrices de Análisis, Mapas de Actores, Diagramas de Venn, Mapas de Coordenadas, Transectos, etc.

El Análisis de Involucrados ha contribuido de manera decisiva a la promoción del desarrollo a lo largo de sus ya casi cuatro décadas de implementación. Su mayor contribución ha sido el uso de metodologías participativas, las mismas que han permitido el acercamiento del análisis sociopolítico a los sectores populares. Por su parte, el AMA, además de recuperar esta valiosa tradición, profundiza en la complejidad de la dinámica sociocultural incorporando instrumentos complementarios como el Cubo de Poder, el Análisis de Redes, el Método MACTOR, las Etnografías del Desarrollo, etc. Todos ellos utilizados en una perspectiva de mayor visualización de la complejidad y los variados niveles de incertidumbre, intentando comprender mejor las dinámicas sociales actuales y prever comportamientos de los involucrados como parte de la construcción de escenarios futuros. Además, todos estos instrumentos son utilizados siempre desde una perspectiva histórica, revisando la evolución de las dinámicas de los actores a lo largo del tiempo, a través de permanentes análisis comparativos.

Desde la perspectiva de la TdC, gracias a la incorporación de dichas herramientas, es posible conocer los diferentes niveles de participación de los diversos grupos que conforman la variopinta población destinataria y la correspondiente dinámica de poder presentada en dichos colectivos, tanto antes de la intervención como durante la implementación de la propuesta y también posteriormente, con fines de identificar los impactos generados, el conjunto de beneficios y perjuicios producidos a los distintos grupos de interés y las reales condiciones de sostenibilidad de la intervención.

Para elaborar un AMA es necesario, en primer lugar, identificar a los actores involucrados, tanto directos como indirectos, para luego seleccionar el conjunto de instrumentos principales y complementarios que se van a utilizar. Una vez definidos, se procede a la aplicación de los mismos, generalmente constituidos en su gran mayoría por matrices relacionales. Dichas matrices, además de incluir la descripción y rol de dichos actores, deben también dar cuenta de sus principales fortalezas y debilidades, pertenencia a colectivos étnicos y/o culturales, niveles de influencia, de interés, de participación en los procesos de toma de decisiones, de legitimidad y de conflictividad. A través de las diferentes matrices que conforman el AMA se realiza la categorización y priorización de involucrados, con el objetivo de definir las respectivas estrategias de intervención, considerando el establecimiento de alianzas estratégicas y generación de sinergias pertinentes.

El énfasis en este tipo de análisis se suele colocar en el estudio a profundidad de las dinámicas de poder, en las convergencias y divergencias de intereses y perspectivas de futuro, es decir, en la observación de los niveles de conflictividad detectado entre los distintos grupos de interés. Este análisis se realiza recuperando y adaptando variadas tradiciones culturales que conciben de distinta forma el origen, el desarrollo y los mecanismos de resolución de los conflictos, las mismas que van desde el antagonismo dicotómico más cerrado hasta la dinámica de los opuestos complementarios. Para ello, se recurre al apoyo del instrumental técnico generado por ciencias como la historia, la sociología, la antropología y la psicología social, entre las más importantes, así como también a diversas disciplinas académicas como la prospectiva.

Entre los instrumentos más completos y, al mismo tiempo, más usados para generar perfiles y describir detalladamente las dinámicas de interrelación, mediación y alianzas estratégicas existentes entre los actores de un determinado contexto, se encuentra el denominado Análisis CLIP (Colaboración/Conflicto, Legitimidad, Intereses y Poder). La aplicación de esta herramienta consta de los siguientes pasos:

a) **Identificación de actores:** los mismos que estarán involucrados directa o indirectamente en determinada intervención y/o afectados por una problemática específica.

b) **Elaboración de la Matriz de Poder:** aquella que identifica cada nivel de control o gestión de recursos de los actores involucrados. El poder generalmente se refleja en modalidades de uso de recursos (medios económicos, autoridad política, habilidad para utilizar la fuerza o amenazar con utilizarla, acceso a la información, medios de comunicación, etc.). En este análisis se requiere valorar dichos componentes mediante una escala cualitativa que oscile entre Alto Poder (3), Poder Medio (2), Bajo Poder (1) y Sin Poder (0). Finalmente, se debe hacer una ponderación para cada grupo de actores involucrados.

c) **Definición de la Matriz de Intereses:** Enfatizando en el conjunto de pérdidas y ganancias que los actores obtendrán por el involucramiento directo o indirecto tanto en la situación o problemática vigente a analizar como en las acciones que se puedan proponer a futuro. Esta matriz registrará los intereses netos (balance de ganancias y pérdidas) para cada uno de los grupos de actores, categorizándolas como Ganancias netas Altas (3), Ganancias netas Medias (2), Ganancias netas Bajas (1), Ganancias netas Nulas (0). Para registrar la presencia e intensidad de pérdidas, en caso que las hubiese, se utilizará una sección narrativa cualitativa. Este componente es muy importante de ser registrado pues suele ser el origen de muchos conflictos y/o desacuerdos. Los intereses de los actores involucrados influirán en su acceso al poder, en su legitimidad y en las relaciones que se establezcan con el resto de actores. Es especialmente relevante analizar grupos con intereses contrapuestos. Es necesario identificar los intereses netos de cada actor, es decir, las ganancias que cada uno logra de la situación o acción actual y/o la propuesta de intervención, menos las pérdidas estimadas.

d) **Elaboración de la Matriz de Legitimidad:** Entendida como el nivel de reconocimiento de derechos y responsabilidades que tienen los actores involucrados, así como el alcance de las decisiones (o grado de determinación) mostrado en el ejercicio de dichos deberes y derechos. Para su diseño, se definen las escalas numérica del 0 al 3 (Sin Legitimidad, Bajo, Medio y Alto) y se valora el respectivo nivel para cada uno de los actores. Se trata de identificar las variables e indicadores junto con los medios empleados para establecer vínculos de confianza entre los grupos involucrados.

e) **Elaboración del Diagrama de Venn de Análisis CLIP:** Se establece tres categorías clasificatorias observando las relaciones de poder (alto, bajo o ninguno), intereses (pérdidas y ganancias) y grado de legitimidad (alta, baja o ninguna). También incluye a los actores no involucrados directamente con la intervención.

Los actores que reciban una calificación alta en los tres criterios son los que deben ser considerados como aliados estratégicos de la intervención, pues se trata de actores Dominantes. Los que reciben una calificación alta en dos criterios pueden ser actores fuertes (PI), influyentes (PL) o vulnerables (IL). Los actores fuertes o influyentes son actores a los que debemos mantener satisfechos e informados, buscando espacios de diálogo y, en lo posible, alianzas. Los actores vulnerables, generalmente actores sociales sin mucho poder, son aliados naturales de la intervención porque son reconocidos en el territorio y están interesados en las propuestas. Por ello, es necesario mantenerlos muy bien informados. Los actores que sólo reciben calificación alta en un criterio pueden ser potenciales (P), interesado (I) o respetados (L). En el caso de los actores inactivos, se les debe mantener satisfechos con el desarrollo de la propuesta, informándoles y negociando con ellos de manera constante. En el caso de los actores respetados, no serán una prioridad de la intervención. Con los actores marginados se pueden desarrollar algunas acciones puntuales dado su interés por el desarrollo de la intervención.

Gráfico Nº 3 – Clasificación de Actores en el Análisis CLIP

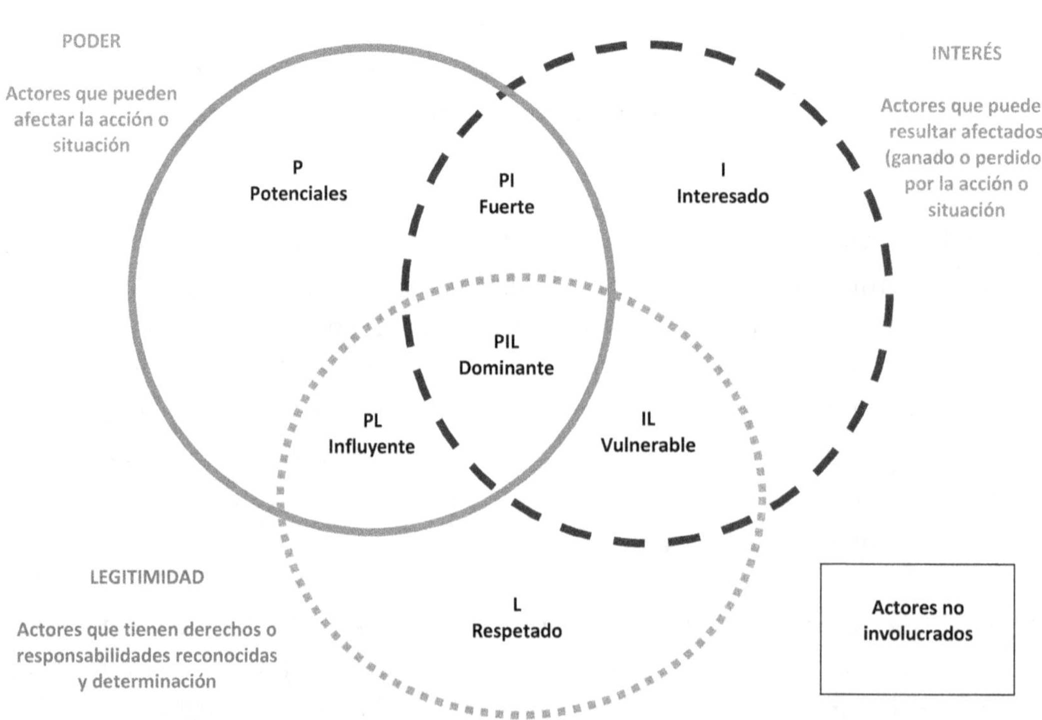

Cuando analizamos, por ejemplo, una realidad multiactor tan compleja como la composición y dinámica de la población saharaui, con la intención de diseñar una intervención sostenible que contribuya significativamente a la mejora cualitativa de sus actuales condiciones de vida, debemos tomar en cuenta, en primer lugar, la macro-división que existe en dicha población, regida principalmente por el criterio geográfico. De esta forma, podemos ver que existen núcleos de población saharaui en cuatro grandes espacios. La población que tiene mayor visibilidad internacional actualmente se encuentra en los campamentos de refugiados de

Tindouf (Argelia). Sin embargo, no es la de mayor volumen, contrariamente a lo que muchas personas piensan. El mayor conglomerado poblacional saharaui se encuentra en los llamados "territorios ocupados", es decir, aquel territorio invadido por Marruecos durante la Marcha Verde a fines del año 1975. Además de estos dos grupos, existe un conglomerado menor, que presenta generalmente una dinámica itinerante, concentrado la mayor parte del año en los llamados "territorios liberados", es decir, aquella porción del territorio saharaui (aproximadamente un tercio del total) que quedó tras el muro y que se encuentra bajo el control del Frente Popular de Liberación de Saguía el Hamra y Río de Oro (POLISARIO). Y, finalmente, tenemos otro colectivo poblacional, actualmente en acelerado crecimiento, que se encuentra en la diáspora. Este grupo, a su vez, presenta una subdivisión importante. Existe un conjunto cada vez más reducido de estudiantes becados que se encuentran profesionalizándose en algunos de los países amigos (Argelia, Cuba y Venezuela principalmente) mientras que existe otro colectivo mayor de saharauis ubicados principalmente en España y, en menor medida, en otros países europeos y latinoamericanos, que constituyen principalmente el grupo de migrantes económicos.

Gráfico N° 4
Principales cabilas de la RASD

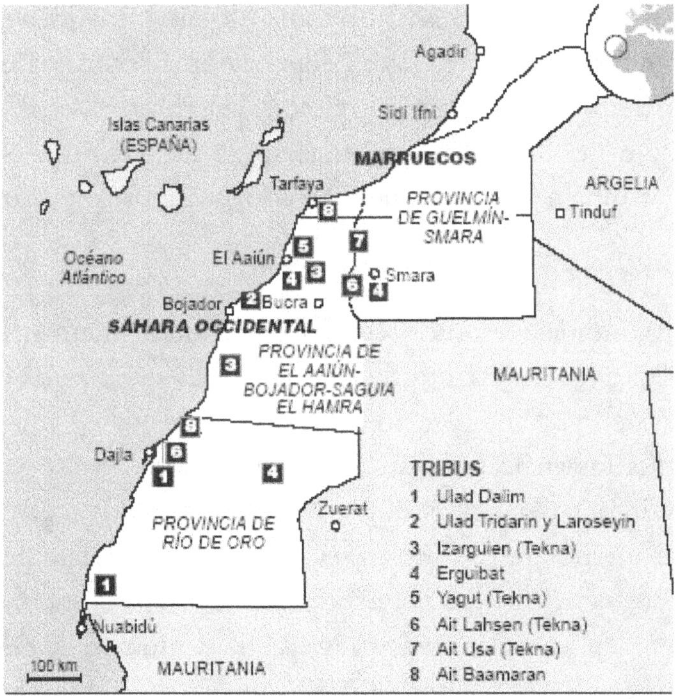

Fuente: El Pais. 13/11/2005. Adaptación: CEEM.

Al mismo tiempo, se presenta otro criterio de organización de la población, mucho más importante y menos conocido, que funciona de manera transversal marcándose más en algunos territorios que en otros. La sociedad saharaui mantiene desde hace siglos una estructura jerarquizada de origen tribal, de tal forma que la identificación de la pertenencia parental, junto con la distribución de los roles sociales, los recursos disponibles y, en última instancia, el ejercicio efectivo del poder local, se encuentra determinado por esta segmentación sociocultural. Es el típico ejemplo de la presencia de un poder invisible que determina, desde sus propias bases, la dinámica socioeconómica y cultural de una sociedad.

De la pertenencia a tal o cual colectivo tribal (Cabila) dependerá el rol que se desempeñe en el espacio social respectivo. Esta división étnica del trabajo en la sociedad saharaui es ancestral y agrupaba a las cabilas saharauis en tres grandes grupos: aquellos dedicados a la defensa del territorio, otros dedicados a los estudios y la promoción de la cultura y, finalmente, aquellos dedicados a las labores económico-productivas. Con el pasar de los años, dichos colectivos se han ido profesionalizando, de modo que podemos observar con nítida claridad, especialmente en la organización sociopolítica planteada actualmente en los campamentos de Tindouf y los territorios liberados, un fuerte respeto a dicha distribución.

En los territorios ocupados también podemos apreciar marcadamente la presencia de cabilas saharauis en ciudades importantes como El Aaiún (Erguibat, Izarguíen, Ait Baamarán y Ait Lahsen), Smara (Erguibat), Bojador (Ulad Tridarín y Laroseyín) y Dajla (Ulad Delim, Ait Lahsen y Ait Baamarán). Estas cabilas ejercen el poder local directo de manera predominante, aunque no exclusiva pues al tratarse de un territorio bajo la administración marroquí de facto, también se entremezclan otros actores y dinámicas de carácter neocolonial.

Como parte del AMA también se suele contemplar, por lo menos de manera básica, un mapeo de las capacidades institucionales de las principales organizaciones y/o movimientos sociales involucrados en la intervención y sus respectivos grados de maduración organizacional. Por ello, los análisis se suelen centrar en los procesos de transformación de los conocimientos, actitudes y prácticas de los integrantes de los colectivos observados, sus dinámicas grupales al interior de la organización y recursos existentes necesarios, a todo nivel, para llevar a cabo las actividades previstas. Considerados como objeto de observación, en estas revisiones también se suelen incluir los sistemas internos de gestión de información y/o conocimiento, acuerdos de cooperación y/o alianzas estratégicas interinstitucionales, dinámicas organizacionales en el sector correspondiente, entre otras.

4.3.   *¿Cómo se usa el Cubo del Poder desde la perspectiva de la TdC?*

Este instrumento metodológico, creado por el Instituto de Estudios para el Desarrollo (IDS) de la Universidad de Sussex (UK), analiza la dinámica del poder entre los actores involucrados y su influencia en los procesos de cambio social. Reconoce que las transformaciones estructurales dependen de la naturaleza de esta dinámica de poder y de la capacidad efectiva de incidencia de los actores (Vela y Espinosa, 2011). Trabaja tres dimensiones de análisis:

a)   Tipos o formas de poder: Las mismas que pueden ser Visible (ejercicio de poder directo), Oculto (ejercicio de poder indirecto) e Invisible (ejercicio de poder estructural).

b)   Espacios de ejercicio de poder: Concebidos como escenarios posibles de participación. Pueden ser Cerrados o Formales (oficiales), Invitados (cedidos formal o informalmente) y Reclamados o creados autónomamente.

c)   Niveles para la toma de decisiones: Local, Nacional e Internacional.

La figura del cubo facilita inicialmente la comprensión tridimensional de la dinámica de poder, pero al mismo tiempo impone límites y cuadraturas, por lo que los propios autores de la herramienta recomiendan considerar cada una de las dimensiones no como compartimentos estancos sino como un continuum o escala, susceptible de ampliación y adaptación a las necesidades de análisis de contextos muy diversos. Además, es preciso realizar revisiones inter-dimensionales, pues un determinado tipo de poder puede actuar simultáneamente en diferentes espacios y niveles. También se recomienda incluir transversalmente la dimensión histórica del ejercicio del poder, en cada una de estas dimensiones, para contar con información mejor sustentada.

La información recogida se trabaja de manera diacrónica a través de matrices de análisis considerando las diferentes dimensiones señaladas y cada uno de los actores más representativos de la intervención. Es decir, desde la perspectiva de la TdC no se trata sólo de hacer una fotografía de la dinámica del poder en un espacio-tiempo determinado, sino de ver la evolución temporal de dicha dinámica. A través de sus mecanismos de interacción desde una doble entrada, cada una de estas matrices cruzará información de todos los grupos de interés con las diferentes dimensiones de poder con la finalidad de determinar sus auténticos niveles de influencia. De igual forma, la ubicación en este plano tridimensional de los diferentes actores involucrados en un contexto específico nos permitirá establecer las posibilidades de alianzas estratégicas, generación de sinergias y de confrontaciones, así como los insumos necesarios para la gestión y resolución de conflictos.

Gráfico N° 5
Plano de coordenadas del Cubo de Poder

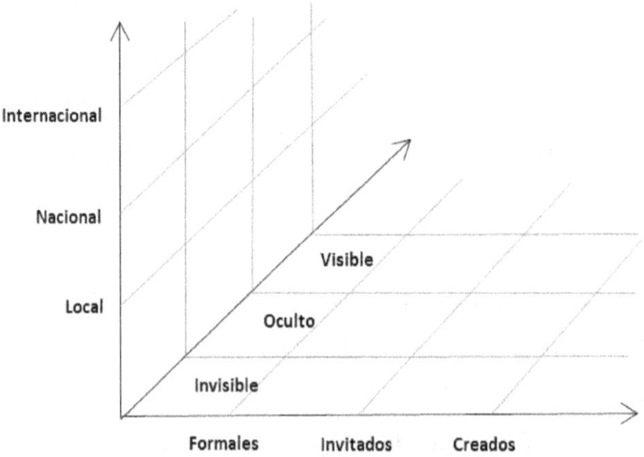

La visibilidad como una de las principales características para tipificar las clases de poder existentes es un muy interesante aporte de esta herramienta, particularmente en contextos tan complejos como el magrebí. Un claro ejemplo de su gran utilidad lo podemos encontrar en el análisis de las dinámicas del poder sociopolítico existentes en Marruecos (monarquía constitucional con legislatura bicameral y un sistema multipartidista con sufragio universal) donde existen, por un lado, un conjunto de instituciones democráticas formales que son las teóricamente responsables del gobierno del país y, por otro lado, un poder factico real y omnipresente que ejerce su enorme influencia de manera oculta conocido como "Majzen" (vocablo árabe que significa almacén). En el contexto político marroquí así se designaba antiguamente al Estado y actualmente se refiere a la élite dirigente, es decir, al conjunto de grupos oligárquicos que detentan el poder real, compuestos principalmente por el rey, sus familiares, los altos mandos del ejército y fuerzas de seguridad, los altos funcionarios, los grandes terratenientes, los grandes empresarios y los líderes tribales más representativos. Este colectivo tiene un control absoluto principalmente sobre la economía, el ejército, los servicios de información y la judicatura.

5. CONSTRUCCIÓN DE LA VISIÓN DE ÉXITO

Existen muchas formas de concebir y diseñar una intervención orientada al cambio social. Desde los enfoques más estandarizados de trabajo (EML por ejemplo), partimos del análisis de los problemas y necesidades detectadas en el contexto para plantear soluciones adecuadas y oportunas a través de políticas, programas y proyectos de desarrollo. La TdC no usa ese camino pues, a diferencia de los enfoques antes mencionados, parte de una visión de futuro deseable con la que cuentan los y las integrantes de los principales grupos de interés, para construir progresivamente y de manera participativa el recorrido teórico-práctico hacia el objetivo final propuesto. Esta construcción retroactiva es su mayor signo distintivo y lo que define la ruta de cambio a seguir.

5.1. ¿Qué es la Visión de Éxito y cómo se elabora?

El enfoque de la TdC se construye a partir de una visión de futuro, un imaginario participativo específico cuyo centro es la representación concreta de éxito, del logro más significativo que se desea alcanzar. La Visión de Éxito es el punto de partida del proceso de transformación a realizar, la representación específica del cambio que se espera alcanzar pues identifica el conjunto de resultados primarios, secundarios, terciarios, etc., siendo algunos de estos resultados precondiciones imprescindibles de otros.

Las posibles Visiones de Éxito que proyectan las expectativas de un determinado colectivo de actores pueden ser muy diferentes entre sí, dependiendo del tipo de procesos de intervención, de grupos involucrados y de contextos sobre los cuales se construyen. Sin embargo, cada una de estas visiones debe cumplir con algunas características mínimas como la de ser Realista (es decir alcanzable), Legitima (resultante de un proceso participativo, que refleje las aspiraciones del colectivo, justas reivindicaciones, intereses, ejercicio pleno de derechos) y Dinámica (flexible y adaptable a los cambios imprevistos que puedan presentarse). Dichas visiones también suelen ser llamadas "Visión de Futuro", "Cambio a largo plazo", "Imagen Objetivo", "Objetivo de Desarrollo" o "Macro Cambio".

Existen muchas formas de construir esta Visión de Éxito, aunque todas ellas deben ser realizadas dentro de una dinámica participativa, a través de la cual todos los actores involucrados puedan emitir su opinión y plasmar sus expectativas e intereses, identificando conjuntamente las necesarias categorías o factores de cambio. Una de las mejores formas de realizar esta construcción colectiva es a través de talleres participativos secuenciales de mediana duración, planteados como etapas progresivas en el tiempo. Sin un profundo trabajo previo, es imposible diseñar un proyecto o iniciativa de intervención, de manera seria, en un taller de dos o tres días. Ni siquiera en dos talleres de igual duración pues se trata de un proceso de maduración y compatibilización de intereses comunes.

El diseño del proyecto, desde la concepción misma de la idea, el diagnóstico del entorno y la formulación de la cadena de resultados, es un proceso que lleva su tiempo y que no se realiza de forma lineal. Tiene sus idas y venidas, dependiendo de la cantidad de grupos de interés participantes y de sus respectivas capacidades de representación y negociación. Avanza siguiendo una lógica cíclica ascendente, describiendo bucles con movimiento helicoidal al interior de los cuales se realizan estas síntesis y definiciones de contenidos.

Operativamente, la Visión de Éxito (o Visión de Futuro) debe ser siempre resultado de una consistente Línea de Tiempo que dé cuenta de los principales procesos transcurridos, los hitos históricos constitutivos, de las tendencias y escenarios más probables a presentarse en la intervención. Así concebida, la contribución de la TdC a los procesos de planificación estratégica es muy importante en la medida que aporta una nueva dimensión metodológica desde una Visión basada en evidencia, no meramente en proyecciones especulativas, intereses y/o en buenas intenciones, brindando un mayor sustento al diseño de escenarios, a los análisis de sensibilidad a gran escala y a toda la dinámica de prospectiva en general.

5.2. ¿Qué es la Prospectiva y cómo se integra a la dinámica de la TdC?

La prospectiva, término proveniente del latín "*prospicere*" (que significa ver hacia delante, a lo lejos, a todos lados, a lo largo y ancho, es decir, tener una visión integral), es aquella disciplina académica orientada a desarrollar procesos sistemáticos de análisis del contexto actual, desde sus diferentes aristas, y de sus correspondientes perspectivas de futuro. En tal sentido, desarrolla diversas metodologías que podríamos calificar como "anti-azar" (Godet, 2007b).

En tal sentido, la prospectiva se nutre permanentemente de la historia y su dinámica, siguiendo los acontecimientos protagonizados por los grupos gestores en conflicto para cada periodo de tiempo. Dichas luchas entre colectivos antagónicos son las que determinan la direccionalidad histórica, sus fines. La tarea inmediatamente posterior es encontrar los medios adecuados, la ruta de cambio, para alcanzar dichos fines.

Lo que diferencia a la prospectiva de otros enfoques es su proceso de construcción de futuro a partir de las condiciones presentes, donde se incluye especialmente la actuación de los grupos de interés, definiendo los respectivos factores de inercia y de transformación (gestión de la incertidumbre). Desde esta perspectiva, propone profundos análisis colectivos de los antecedentes históricos y tendencias, cambios estratégicos ocurridos en el entorno y sus correspondientes relaciones causales. Se convierte así en el instrumento metodológico más adecuado para la comprensión de realidades complejas y la visualización de sus escenarios futuros posibles. Esta dinámica facilita la visibilización de las estructuras y dinámicas sociales sumergidas que resultan determinantes para entender y actuar en contextos volátiles e inciertos, por lo que se recomienda que en dichos entornos la prospectiva se convierta en el enfoque inmediato y natural de análisis.

En sus orígenes, la prospectiva fue desarrollada en Francia al final de la Segunda Guerra Mundial con el objetivo de apoyar los esfuerzos de planificación de la reconstrucción del país, especialmente aquella relacionada directamente con el desarrollo económico en general e industrial en particular. En el año 1957, como parte de estos niveles iniciales de su desarrollo como disciplina científica, fue creado el Centro Internacional de Prospectiva por el filósofo Gastón Berger, quien fue también el inventor del término. Berger planteó la prospectiva como estudio de los porvenires posibles y verificables, como disciplina de la comprensión anticipada y la imaginación creativa, no sólo como deducción del futuro a partir de las tendencias presentadas en el pasado y de sus respectivas progresiones. Asociada a la acción directa, su interés principal es el diseño de estrategias de intervención que hagan frente a las amenazas y optimicen el aprovechamiento de las oportunidades surgidas.

Berger también fundó, junto con André Gros, la revista "Prospective". En 1960 se creó una cátedra de Prospectiva que asumió Gastón Beger en la Escuela Práctica de Altos Estudios

(École Pratique des Hautes Études – EPHE) de París. Ese mismo año, el politólogo y economista francés Berthrand de Jouvenel crea el Proyecto Futuribles e impulsa los estudios del futuro junto con Pierre Massé y André Clement Decouflé, quien a su vez forma en 1971 el Laboratorio de Prospectiva Aplicada.

Gráfico N° 6
Enfoque Prospectivo Francés

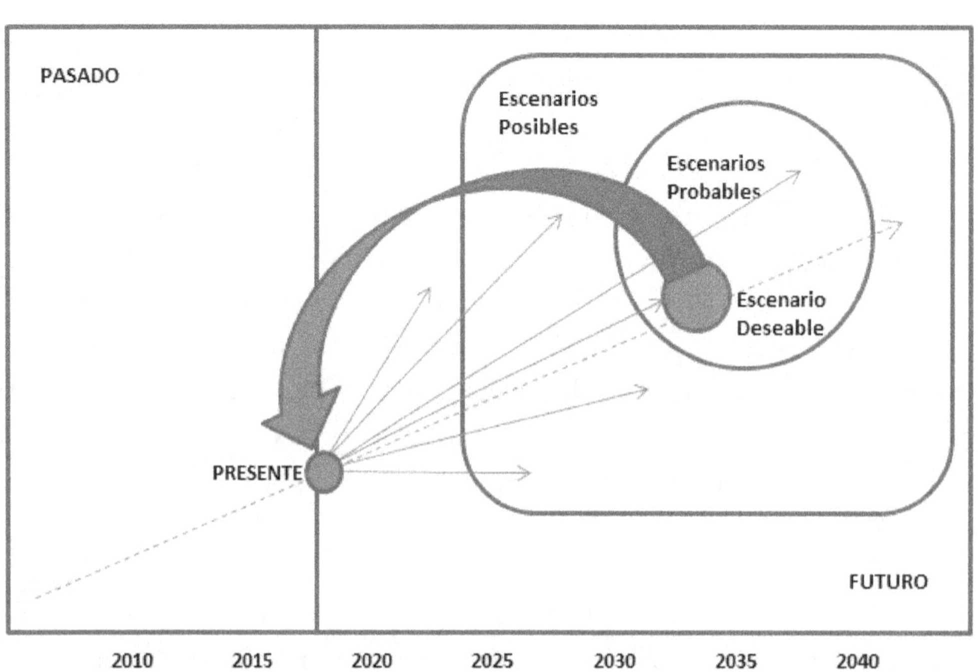

El proceso de prospección obedece siempre a una lógica dialéctica, pasando por tres grandes fases. Se inicia con la identificación y el análisis en profundidad de las variables y sus respectivas tendencias. Luego se procede a la interpretación sistémica de la información analizada, procesando diferentes horizontes temporales desde una perspectiva integral y multidisciplinaria. Por último, se realiza la prospección, planificando la acción transformadora desde diferentes escenarios vistos como referentes operativos factibles. En dicha planificación se hace uso principalmente de la imaginación informada, aprovechando todos los insumos disponibles desde las dinámicas de los actores involucrados y sus sinergias.

La prospectiva posee dos características fundamentales. Es exploratoria pues implica el análisis de tendencias, contratendencias, rupturas y bifurcaciones surgidas de los acontecimientos pasados y presentes. Y también es normativa, pues se propone construir un futuro deseable a partir de una estrategia participativa de transformación social.

Como podemos apreciar en el gráfico anterior, a través de la prospectiva visualizamos los escenarios futuros, dentro de los cuales se encuentran aquellos que son factibles y, al interior de éstos, los que consideramos deseables. Uno de esos escenarios deseables se convertirá en nuestra visión de futuro, a partir de la cual construiremos una cadena causal de supuestos y precondiciones necesarias para alcanzarla desde el contexto actual.

Actualmente, existen diferentes clases de prospectivas. Tenemos, por ejemplo, a la prospectiva estratégica, prospectiva sectorial (turismo, energía, industrial, etc.), prospectiva científica y tecnológica, prospectiva para la paz (seguridad humana, conflictos), prospectiva para la formulación de políticas públicas, prospectiva territorial y desarrollo sustentable, prospectiva para el análisis de riesgo político, etc. Entre ellas, la prospectiva estratégica es la más conocida y utilizada. Este tipo de prospectiva tiene siete etapas de desarrollo: a) Pre-diagnóstico (Exploración); b) Diagnostico; c) Diseño prospectivo; d) Plan de acción; e) Implementación del Plan Estratégico; f) Vigilancia prospectiva; g) Ajustes de brechas.

La prospectiva estratégica cuenta con una variada gama de herramientas, agrupadas en cinco grandes conjuntos: los Análisis de Sistema, Variables y Actores junto con los Diseños de Escenarios y Estrategias. Dentro de estos grupos tenemos, entre los instrumentos más conocidos, al método de escenarios, los talleres de prospectiva estratégica, los árboles de competencia, los talleres de análisis estratégico, el diagnóstico estratégico, el análisis estructural, el método MACTOR, el Análisis Morfológico, el método Delphi, el ábaco de Regnier, los impactos cruzados probabilizados, los árboles de pertinencia y el método Multipol.

5.3.   ¿Cómo se elaboran escenarios?

Para Michel Godet, economista francés titular de la cátedra de prospectiva estratégica e industrial en el Conservatorio Nacional de Artes y Oficios (Conservatoire National des Arts et Métiers – CNAM) de Paris, un escenario es la representación de una situación futura junto con la progresión de eventos desde la situación actual hasta dicha situación futura. Esta construcción es elaborada con la finalidad de esclarecer la acción presente a la luz de los contextos futuros posibles y deseables (Godet, 2007b). La validación de la interpretación de la realidad actual y futura, junto con la preocupación por la eficacia de la intervención propuesta, deben ser sus criterios guía. Los escenarios carecerán de credibilidad y utilidad si no contienen cinco indispensables condiciones: pertinencia, coherencia, verosimilitud, importancia y transparencia.

El diseño de escenarios es una técnica de planificación dirigida a flexibilizar los supuestos de intervención formulados para el mediano y largo plazo. Con este propósito se construyen representaciones futuras de la realidad, a partir de las cuales se diseñarán diferentes opciones de acción efectiva. Como hemos visto anteriormente, desde la perspectiva de la prospectiva, estas representaciones o futuros pueden ser de tres clases: posibles, probables y preferidos o deseables. Al plantear dichos escenarios, uno de los aspectos más importantes a tomar en cuenta es proponer siempre alternativas de análisis y acción que consideren el máximo posible de enfoques viables en torno a determinado sector y/ acontecimiento relevante, una observación integral dirigida hacia los diversos lados o aristas del problema. Y es que, como señala el conocido proverbio saharaui, *"todos los ojos tienen la misma forma, pero no la misma visión".* Esta necesidad de aplicar una mirada amplia también se refiere a la inclusión de enfoques de análisis retrospectivo (observación del pasado) y proyectivo (visualización del futuro factible).

En sus orígenes, el planteamiento de un escenario, es decir, de la "mise en scene" (puesta en escena) hipotética desarrollada a partir de una serie de supuestos, estuvo vinculado al desarrollo de estrategias y tácticas militares. Durante su primera fase de difusión, en los años sesenta del siglo XX, el objetivo principal de dichos procesos constructivos fue meramente descriptivo y consistía en identificar alternativas de intervención y sus respectivas consecuencias en una amplia variedad de contextos. Posteriormente se fue consolidando como una importante herramienta prospectiva y estratégica aplicada a la toma de decisiones estructurales.

Desde la perspectiva de Godet, para construir escenarios a través de la prospectiva estratégica debe empezarse por la delimitación del sistema (macro y micro-entorno) constituido por el fenómeno o problema estudiado y su contexto (con todos los sectores y subsectores pertinentes). En segundo lugar, es necesario realizar un análisis organizacional de la institución o colectivo que elabora la planificación (a través de herramientas como el Árbol de Competencias, Análisis DAFO, etc.). Posteriormente, es necesario definir las variables principales de observación, las mismas que pueden ser internas y externas de dicho sistema. Tanto la delimitación del sistema como la definición de variables deben realizarse a través del método de análisis estructural (MICMAC). Como paso siguiente, se realiza la retrospectiva, la estimación de tendencias y el diseño de estrategia de los actores o análisis del juego de los actores (Método MACTOR). Con estos insumos, se procede a la respectiva elaboración y elección de opciones estratégicas, definición de hipótesis y los escenarios factibles, usando métodos como el Delphi y la matriz de impactos cruzados (SMIC).

El análisis estructural, desarrollado a través del método MICMAC, tiene como objetivo principal determinar las variables principales influyentes, independientes o de motricidad y las variables dependientes. Es particularmente útil para la definición de los componentes del Análisis DAFO y comprende tres fases:

a) Identificación general de variables de análisis, pertenecientes a determinados sectores (social, político, económico, cultural, tecnológico, legal, ambiental, etc.) y sus respectivos sub-sectores. Como parte de esta definición, debe analizarse su evolución en el tiempo y los factores que condicionaron dicha evolución;

b) Descripción de las relaciones entre estas variables, la misma que tiene carácter cualitativo, trabajando con cuatro parámetros específicos de relación (0=Nula, 1=Débil, 2=Media, 3=Fuerte);

c) Identificación y jerarquización de variables clave, esenciales en la evolución del sistema, en base a sus niveles de influencia. En tal proceso, dos son los instrumentos técnicos principales: la Matriz de Relación entre Variables y el Plano de Influencias y Dependencias entre Variables.

En 1974, Michel Godet y J.C. Duperrin plantearon este método clasificador de componentes sistémicos en el marco de un estudio prospectivo sobre energía nuclear realizado en Francia. El método MICMAC se oficializó prácticamente como instrumento principal del análisis estructural, aplicándose desde mediados de la década de los ochenta en diversos sectores. Actualmente, su uso extensivo es facilitado gracias a un software de acceso gratuito[5].

---

[5] http://es.laprospective.fr/Metodos-de-prospectiva/Los-programas/67-Micmac.html

Tabla N° 3
Análisis Estructural: Matriz de Relación entre Variables Sociales y Económicas

SECTOR ECONÓMICO	SECTOR SOCIAL						
	SUB-SECTOR A				SUB-SECTOR B		
	Variable 1	Variable 2	Variable 3	Variable 4	Variable 5	Variable 6	Variable 7
SUB-SECTOR A							
Variable 1							
Variable 2							
SUB-SECTOR B							
Variable 3							
Variable 4							
SUB-SECTOR C							
Variable 5							
Variable 6							

Una vez realizada la identificación de las variables en función a su ubicación en el Plano de Influencias y Dependencias, debe definirse el llamado "eje estratégico", compuesto por aquellas variables que presentan un mayor nivel de motricidad (influencia). Esta revisión es complementaria al análisis que se realiza inicialmente a nivel sectorial y sub-sectorial. En la Tabla anterior se presenta un esquema, a modo de ejemplo, de cómo se pueden ordenar las interrelaciones de dependencia entre variables de dos sectores clave en la promoción del desarrollo y la cooperación internacional: los sectores económico y social. Se trata de interrelacionar los sectores relevantes (pudiendo tomar como referencia inicial el Análisis PESTEL) de modo que se planteen acercamientos integrales a la realidad, identificando los niveles de interdependencia entre variables y dimensiones de los diferentes sectores. De esta forma, se delimita el sistema de análisis y se definen las variables clave.

Al realizar el análisis estructural destacando la interrelación de sectores, es frecuente identificar factores inesperados en el contexto (emergentes) que explican en gran medida el comportamiento de determinadas variables. Son estos factores los que generan acontecimientos "gatillo", es decir, sucesos que desencadenan dinámicas complejas. Por su nivel de impacto, muchas veces dichos sucesos son confundidos con las causas de las dinámicas complejas, pero realizar esta lectura sería erróneo. Se nos exige ser más analíticos e ir más allá de lo aparente, profundizando en las causas que existen detrás de los acontecimientos mediáticos y más expuestos. En este sentido, por ejemplo, la Marcha Verde no fue la verdadera ni principal causa del conflicto bélico entre la RASD y Marruecos sino el suceso desencadenante. Como trasfondo de dicho acontecimiento, se dio una serie de condicionantes previos, entre ellos las alianzas estratégicas establecidas entre las potencias occidentales que tenían importantes intereses en la zona (USA, Francia y España principalmente), alianzas que se expresan en el nefasto Acuerdo Tripartito de Madrid.

Al mismo tiempo, también es importante ser flexibles en la interpretación de los datos obtenidos pues no existen lecturas únicas ni oficiales en torno a una secuencia de acontecimientos. Necesitamos contar con el máximo de información posible y con los diferentes puntos de vista en torno a dicha información, de modo que podamos hacer un análisis lo más completo posible de los diferentes actores y sus intereses. Sólo a partir de dicho análisis podremos hacer una lectura más completa de la realidad.

Gráfico N° 7
Análisis Estructural: Plano de Influencia – Dependencia de Variables

Tal como muestra el gráfico anterior, dependiendo del nivel de influencia de cada variable sobre todas las demás, éstas pueden ser definidas (y ubicadas en sus respectivos cuadrantes) como Articuladoras (clave), Motrices (determinantes), Secundarias (autónomas, de menor importancia) o de Resultado (dependientes). Las variables ubicadas en el segundo cuadrante (Motrices) son denominadas también "Variables de Entrada" y presentan altos niveles de motricidad y muy bajos de dependencia. Por esta razón, resultan ser las variables más importantes del sistema. En el centro del Plano de Influencias y Dependencias, próximas al punto de origen, se ubican las "Variables de Regulación", las mismas que facilitan el funcionamiento normal del sistema. Asimismo, en el cuarto cuadrante se ubican las "Variables de Salida" o también denominadas "Variables de Resultado" o "Variables Sensibles". Dan cuenta de los productos del sistema, por lo que presentan bajos niveles de influencia.

5.4.   ¿En qué consiste el Método MACTOR?

Fue desarrollado por Michel Godet y François Bourse entre 1989 y 1990. Esta herramienta metodológica analiza la dinámica de los actores involucrados, focalizando su observación en la correlación de fuerzas, convergencias y divergencias, alianzas y conflictos existentes entre ellos y ellas, así como el variado conjunto de sus objetivos, posiciones e intereses (Goddet, 2007b). Presenta la ventaja de ser eminentemente operativo y adaptable a una gran cantidad de interrelaciones entre numerosos actores involucrados, con sus posiciones y objetivos asociados, a diferencia de otros modelos (los resultantes de la teoría de juegos, por ejemplo) que frecuentemente desembocan en construcciones difícilmente aplicables.

El método MACTOR consta de siete fases:

a) Mapeo de las dinámicas y estrategias de los actores involucrados. Para este proceso se suelen usar los Tableros de Estrategias de Actores.

b) Identificación de retos estratégicos y objetivos.

c) Diseño de la Matriz de Posicionamiento de los actores involucrados respecto a los objetivos estratégicos (acuerdo, desacuerdo o neutralidad). En este proceso se recomienda el uso de las Matrices de Actores por Objetivos (MAO).

d) Evaluación de la Matriz de Posicionamiento, estableciendo jerarquías de actores y prioridades.

e) Evaluación de las correlaciones de fuerzas, a través de las Matrices de Actores por Actores (MAA) y los Planos de Influencia/Dependencia de Actores.

f) Análisis de convergencias y divergencias entre actores involucrados integrando la evaluación de las correlaciones de fuerzas.

g) Diseño de recomendaciones estratégicas para el diseño de políticas de alianzas.

Se trata de un análisis pormenorizado de la dinámica sociopolítica del poder al interior de un determinado número de colectivos en los cuales intervienen muchos y diversos actores. El uso de sus variados instrumentos gráficos (las matrices, los planos, la definición de los ejes, los niveles de concentración y dispersión, etc.) facilita la rápida comprensión de estas dinámicas y la definición de estrategias diseñadas directamente desde la lógica de los propios actores.

A pesar de ser generalmente de menor duración que el análisis estructural, este método suele demandar un periodo entre dos y cinco meses de recopilación, procesamiento, análisis y verificación de la información. Y aunque suele incluirse como parte del proceso de construcción de escenarios, también puede usarse de manera aislada, tanto para fines prospectivos como para el análisis de una situación estratégica determinada.

A continuación, presentamos la matriz de análisis de estrategias de los actores, basándonos en la identificación de sus objetivos, problemas, intereses y mecanismos de acción.

Tabla N° 4
Análisis MACTOR: Tablero de Estrategia de Actores

	Actor 1	Actor 2	Actor 3
Actor 1	Objetivos, Problemas y Mecanismos de Acción	Mecanismos de Acción de Actor 1 sobre 2	Mecanismos de Acción de Actor 1 sobre 3
Actor 2	Mecanismos de Acción de Actor 2 sobre 1	Objetivos, Problemas y Mecanismos de Acción	Mecanismos de Acción de Actor 2 sobre 3
Actor 3	Mecanismos de Acción de Actor 3 sobre 1	Mecanismos de Acción de Actor 3 sobre 2	Objetivos, Problemas y Mecanismos de Acción
Número de Convergencias			
Número de Divergencias			

Al igual que ocurre con el análisis estructural, en este método los actores pueden ser definidos (y ubicados gráficamente) dependiendo del nivel de influencia sobre las demás. Dicha ubicación en el Plano de Influencias y Dependencias los categoriza como Articuladores, Dominantes, Autónomos y Dominados. Al mismo tiempo, cuenta también con un software especializado para su uso[6].

Con respecto a las limitaciones de este método, podemos constatar que no siempre es posible conocer al detalle la estrategia, posicionamiento e intereses de todos los actores, especialmente si dichas condiciones cambian con cierta regularidad en el tiempo y/o estos actores presentan reticencia a proporcionar la información clave necesaria. Además, también se presentan serias dificultades debido a la imposibilidad de definir el posicionamiento o juego de un determinado actor al existir información disponible contradictoria sobre él y de constatación complicada por la inexistencia de adecuadas fuentes de triangulación.

Gráfico N° 8
Análisis MACTOR: Plano de Influencia – Dependencia de Actores

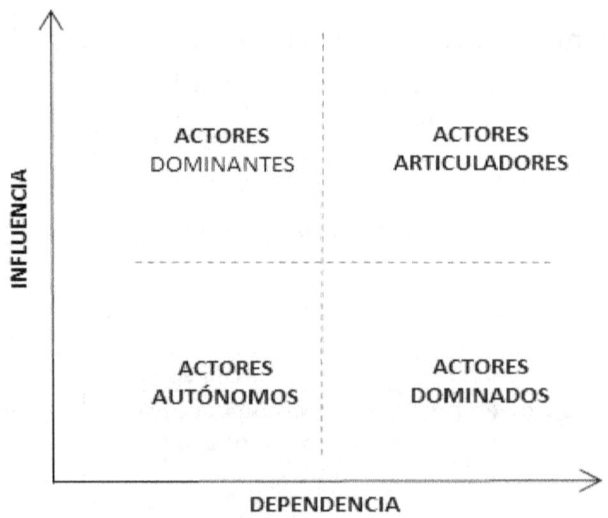

5.5. *¿En qué consiste el Método Delphi?*

Es uno de los instrumentos más usados en prospectiva, proceso grupal de comunicación estructurado destinado principalmente a la obtención de información cualitativa de alta

---

[6] http://es.laprospective.fr/Metodos-de-prospectiva/Los-programas/68-Mactor.html

precisión. Fue creado a mediados de los años cincuenta del siglo XX por Olaf Helmer y Theodore J. Gordon en la Rand Corporation (USA) y también es conocido como Método Delfos, debido al oráculo griego al que debe su nombre. Se trata de un tipo de encuesta aplicada a expertos en determinado tema. Es una encuesta anónima. Sólo el coordinador de la misma debe saber la identidad de los participantes. Se aplica en dos o más rondas y busca encontrar contenidos de consenso entre los participantes, funcionando cada una de las rondas como mecanismos de depuración y precisión.

La capacidad de predicción de este método se basa fundamentalmente en el uso sistemático de los juicios intuitivos emitidos por el grupo de expertos consultados, los mismos que deben participar en el proceso de la manera más autónoma posible para garantizar óptimos resultados.

Gráfico N° 9
Flujograma del Método Delphi

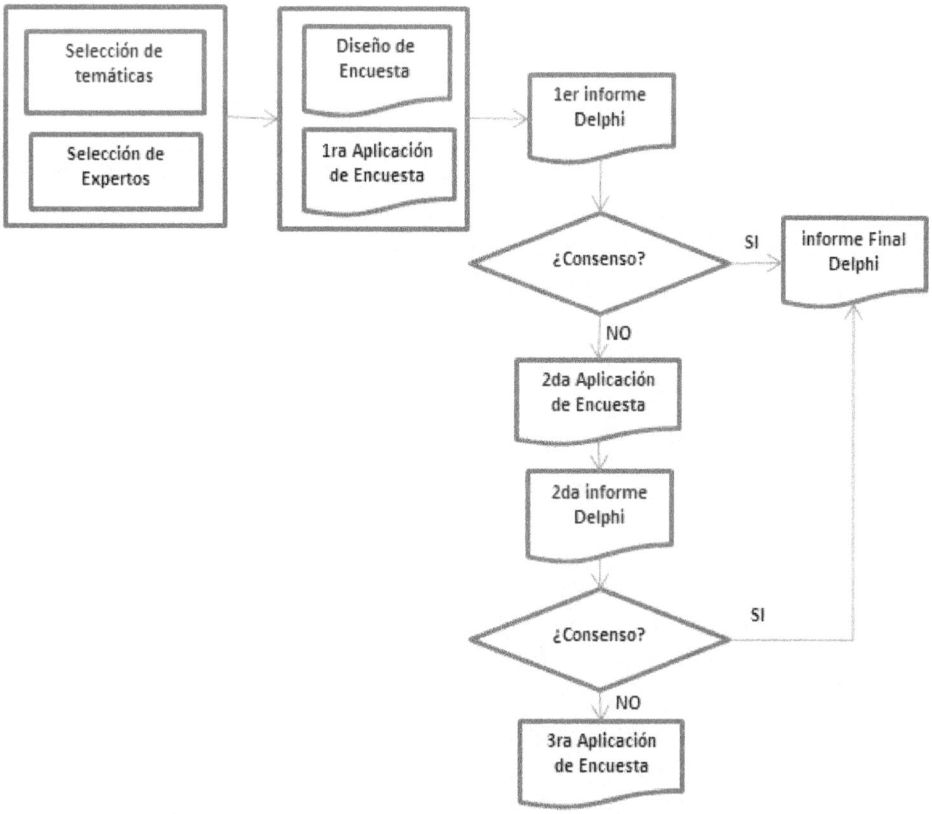

La aplicación del método se inicia con la identificación y selección del grupo plural de expertos, así como también del horizonte temporal de análisis, para luego pasar a la preparación del instrumento de recolección de información (encuesta) y su aplicación de modo piloto (pre test). Una vez definida y validada la versión final de la encuesta, se inicia la primera ronda de aplicación con los expertos seleccionados. Obtenidas sus respuestas, se pasa a un primer análisis de la información, enfatizando de manera especial en los consensos, los puntos de convergencia y las dispersiones encontradas. El informe de este primer análisis se presenta a los expertos, quienes harán llegar sus reacciones, al mismo tiempo que responderán algunas preguntas de precisión y ajuste, una segunda encuesta. Estos nuevos contenidos se someterán a un nuevo análisis para luego repetir el proceso iterativo de consulta y aplicación de encuestas de ajuste con los resultados alcanzados las veces que se estime conveniente. Generalmente, se aplican entre dos y cuatro rondas hasta llegar a un conjunto satisfactorio de consensos. Finalmente, se elaborará un informe de conclusiones de la consulta délfica.

6. DEFINICIÓN DE LAS PRECONDICIONES E INTERVENCIONES PARA EL CAMBIO

Las precondiciones se encuentran entre los elementos más conocidos de la TdC debido a su gran semejanza metodológica con la lógica de intervención planteada desde el EML. Sin embargo, este amplio reconocimiento no necesariamente ha garantizado un adecuado diseño en el momento de argumentar consistentemente una secuencia lógica causal desde la perspectiva de la TdC. Y es que actualmente aún no existe una suficiente aplicación de procesos complejos de pensamiento deductivo (consciente o inconscientemente) en los entornos de promoción del desarrollo y cooperación internacional.

Asociada con la identificación de los resultados constitutivos de la Visión de Éxito, a diferentes niveles, se encuentra el diseño de las lógicas operativas de cambio, es decir, las actividades o intervenciones específicas, las mismas que servirán de enlace, de componentes articuladores, entre los resultados programáticos propuestos en sus diferentes niveles (primarios, secundarios, terciarios, etc.). A continuación veremos cuál es su proceso de elaboración, sus niveles de articulación con el resto de componentes de la TdC y su importancia en el desarrollo de las propuestas de cambio.

6.1. *¿Cómo se concibe una Lógica de Intervención desde la perspectiva de la TdC?*

La columna vertebral de la TdC es la secuencia lógica causal, el sistémico encadenamiento de causas y efectos orientado al logro de la Visión de Éxito. La lógica de intervención es la estructura articuladora de toda la propuesta y es imprescindible que dicha secuencia lógica de respaldo sea absolutamente coherente, integral y se encuentre adecuadamente sustentada en evidencia teórica y práctica. Esto, aunque parezca bastante obvio, no siempre se cumple en las intervenciones, incluso en aquellas impulsadas desde grandes agencias de cooperación internacional o experimentados gobiernos. Así, solemos encontrar con cierta frecuencia algunas propuestas de intervención que no se encuentran contextualizadas pertinentemente, que no articulan de manera consistente sus diferentes componentes o que, simplemente, no presentan una relación directa entre los objetivos propuestos y los mecanismos para alcanzarlos.

Para ver con mayor claridad la consistencia que deberían guardar las propuestas de intervención podemos citar el ejemplo de un programa implementado a fines de la primera década del siglo XXI en los campamentos de refugiados saharauis de Tindouf (Argelia), cuyo objetivo era mejorar los niveles de abastecimiento alimentario, y por tanto nutricionales, de la población. Fue concebido como un programa de "Soberanía Alimentaria" desde el cual se apoyaban intervenciones agrícolas y pecuarias, especialmente en el fortalecimiento de las capacidades productivas de una pequeña granja avícola que contaba con algunos cientos de gallinas ponedoras, mientras que las iniciativas agrícolas se implementaban tanto en el Centro de Experimentación y Formación Agrícola (CEFA) como en un pequeño conjunto de huertos familiares.

De acuerdo al último censo realizado por el Alto Comisionado de las Naciones Unidas para los Refugiados (ACNUR) el pasado 31 de diciembre de 2017, existe un total de 173.600 refugiados saharauis en los campamentos de Tindouf. Este total, cifra "conservadora" de acuerdo a la propia opinión del organismo multilateral, toma en consideración sólo a los refugiados que residen en los campamentos Auserd, Boujdour, Dajla, El Aaiún y Smara, teniendo utilidad estrictamente para la correspondiente logística humanitaria. El 51% de ese total es población masculina.

El campamento de Smara tiene la mayor cantidad de población refugiada, un total de 50.700 (29% de la población total), mientras que El Aaiún ocupa el segundo lugar con un total de 50.500 refugiados (29%). A continuación se encuentra el campamento de Auserd con 36.400 refugiados (21%), Dajla con 19.500 refugiados (11%) y finalmente el campamento de Boujdour, el más pequeño, con 16.500 refugiados (10% de la población saharaui refugiada).

Los niños y niñas (menores de 17 años) representan el 38%, mientras que los hombres adultos representan el 32% y las mujeres adultas el 30%. Un total de 8.500 refugiados son niños y niñas menores de dos años, mientras que 12.700 refugiados tienen entre dos y cuatro años, y 24.700 refugiados tienen entre 5 y 11 años. Un total de 78.600 refugiados tienen entre 18 y 49 años, incluidas 40,000 mujeres. Los refugiados mayores de 60 años son 18.500.

Tal como lo muestra el siguiente gráfico, en términos comparativos la distribución etaria de la población saharaui es similar a la de países cercanos como Argelia y Mauritania, con los cuales además se mantienen muy buenas relaciones. Se trata de poblaciones mayoritariamente jóvenes, con un alto porcentaje de población infantil. Al mismo tiempo, el porcentaje de adultos mayores es minoritario, pero dentro del rango del 10% aproximadamente para el caso de Argelia y los campamentos de Tindouf. Esta desagregación plantea una serie de retos relacionados directamente con las necesidades específicas de tales poblaciones, donde sectores como el laboral y el de la protección social, junto con educación y salud toman un rol protagónico en el diseño e implementación de políticas sociales desde el Estado.

Gráfico N° 10
Perfil demográfico comparado entre población mauritana, argelina y refugiados saharauis

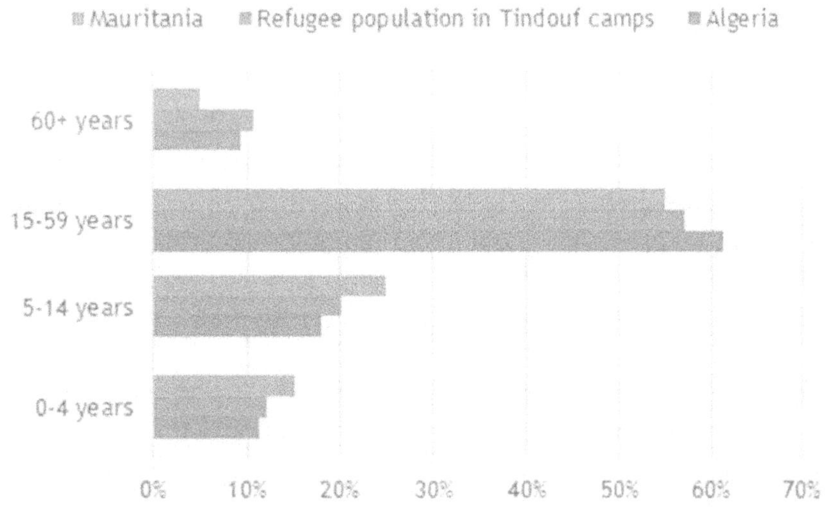

Fuente: ACNUR (2018)

Se estima que el 75% de la población de refugiados se encuentra en situación de vulnerabilidad social. Esta población, absolutamente dependiente del apoyo externo, necesitaba una gran iniciativa que le garantizase de manera sostenible su alimentación pues la ración mensual entregada a cada familia por los organismos internacionales de ayuda humanitaria (PMA y ACNUR principalmente) permitía cubrir sus necesidades tan sólo durante quince días. Cada mes, el PMA reparte 90.000 canastas básicas y un total de 125.000

raciones con cinco alimentos básicos cuyo contenido calórico debe alcanzar las 2.100 Kilocalorías: Harina de trigo (13 kilos por persona), Legumbres (2 kilos por persona), Azúcar (900 gramos por persona), Aceite (un litro por persona) y Sal (120 gramos por persona). Sin embargo, es frecuente que se produzcan interrupciones en los periodos de distribución de alimentos, siendo necesarias el complemento de dicha canastas con raciones de alimentos frescos (frutas y verduras) financiados por ECHO.

Bajo tales circunstancias, la pertinencia de la intervención estaba más que sustentada. Sin embargo, su supuesto enfoque de "soberanía alimentaria" tergiversaba totalmente los verdaderos objetivos y alcances del programa pues, en el mejor de los casos, sus actividades estaba dirigidas sólo a cubrir parcialmente las necesidades alimentarias de cierto porcentaje de la población para aquel periodo de carencia en el que se veían inmersos durante la segunda mitad de todos los meses. De ninguna manera, tal como se propone tradicionalmente desde los diferentes enfoques de soberanía alimentaria, se planteaba generar auténticas condiciones para alcanzar en un futuro relativamente cercano una autonomía alimentaria que les permitiese prescindir progresivamente de la ayuda externa. Ni tampoco se proponía la implementación de iniciativas de este tipo en un territorio que fuese políticamente soberano, es decir, en el legítimo territorio de la RASD. De este modo, el mencionado programa, aunque era denominado oficialmente de "soberanía alimentaria", apenas lograba impulsar determinados márgenes de "seguridad alimentaria" entre los colectivos focalizados de la población refugiada.

Para concebir adecuadamente una lógica teórica y práctica consistente de intervención hace falta un profundo conocimiento de la realidad desde la cual se desea intervenir, las variables, la lógica de los actores involucrados, la distribución y uso del poder a nivel local, junto con las instituciones u organizaciones representativas que sirven de soporte a la dinámica de los mencionados actores. En este caso, como parte de dicho conocimiento, se deben considerar antecedentes históricos y antropológicos como la condición originalmente nómade y pastoril de la sociedad y la economía saharaui, por ejemplo, de modo que la intervención capitalice esa experticia comunitaria y plantee alternativas compatibles con la sostenibilidad del modelo productivo y, al mismo tiempo, con la lógica de retorno.

6.2. ¿Qué son las Precondiciones y cómo se elaboran?

Tomando en cuenta el objetivo propuesto a largo plazo junto con las capacidades reales de los actores directamente involucrados en la intervención, es posible visualizar las condiciones previas necesarias, las mismas que son concebidas como aquellos resultados clave, suficientes y necesarios, para la consecución de la Visión de Éxito.

Por tratarse de la construcción de un encadenamiento sistémico, será necesario diseñar estas precondiciones a distintos niveles (primario, secundario, terciario, etc.), de manera conjunta, a través de talleres participativos con todas las partes involucradas. Dichas precondiciones reflejarán las lógicas de acción a corto, mediano y largo plazo, trabajando tanto los fundamentos tácticos como los estratégicos de la intervención. De esta manera, un resultado a largo plazo, requisito inmediato de la Visión de Éxito, será ubicado dentro de un nivel estratégico (o nivel primario) y tendrá un horizonte temporal más prolongado, mientras que otro resultado más inmediato será ubicado como precondición del anterior resultado colocándose en un nivel táctico de intervención. Para el adecuado diseño de esta cadena lógica, uno de los instrumentos más recomendables es el Mapa Conceptual.

La secuencia causal debe estar perfectamente clara a la hora de diseñar este eslabonamiento pues de no ser así, se corre el riesgo de excluir algún componente importante de intervención (precondición interna) o de no visualizar otro supuesto decisivo (precondición externa) que, sin estar dentro del alcance directo de la intervención, debe ser conocido y observado en categoría de supuesto. En ello radica la importancia de contar con la participación activa de todas las partes interesadas en su elaboración, para cubrir integralmente los aspectos relevantes en la obtención del logro propuesto.

Por último, el diseño de estas precondiciones, de su encadenamiento lógico causal y de la diferenciación entre componentes al alcance de la intervención y supuestos, debe incluir un exhaustivo análisis de factibilidad, capaz de diferenciar entre los resultados que son simplemente deseados de aquellos que si son posibles de ser alcanzados en términos realistas. Los resultados planteados únicamente desde la cooperación internacional, por ejemplo, presentarán menores niveles de factibilidad que otros fortalecidos a través de intervenciones de mayor escala como las estatales y/o las comunitarias.

Para entender mejor la necesaria articulación entre componentes y la dinámica en el establecimiento de precondiciones, plantearemos como ejemplo práctico la propuesta de política social del gobierno de la RASD para mejorar las condiciones de salud de su población, especialmente de los colectivos más vulnerables. La intervención en salud planteada desde el Estado saharaui y dirigida a la población saharaui de los campamentos de refugiados en Tindouf debe atender cuatro componentes fundamentales, interconectados y de contribución recíproca, los mismos que responden a la estructura básica de su sistema de salud pública.

Gráfico N° 11
Mapa Conceptual de la intervención en salud pública en la RASD

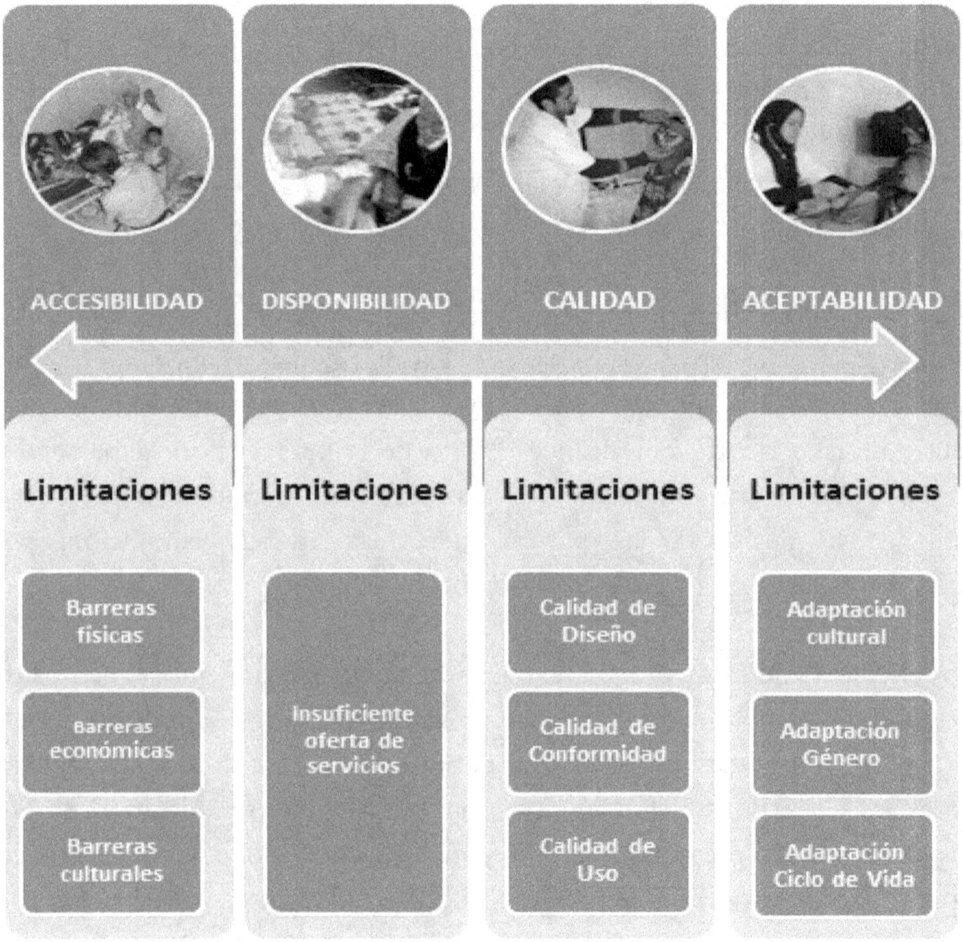

En primer lugar, el Estado saharaui debe garantizar la accesibilidad a todos los servicios sanitarios, superando las principales barreras de acceso que se presentan a la población del lugar (barreras físicas, económicas e incluso socioculturales). Aunque los servicios públicos sanitarios en la RASD son gratuitos, la farmacia central gestionada por el Ministerio de Salud Pública (MSP-RASD) no siempre cuenta con todos los medicamentos necesarios para atender las afecciones endémicas más representativas, por lo que muchas veces los y las pacientes se ven en la necesidad de realizar compras de dichos fármacos en la ciudad de Tindouf, Bechar e incluso en Argel, o de encargarlos a la Península a través de sus contactos familiares y amicales.

En segundo lugar, es imprescindible que desde los servicios sanitarios públicos se trabaje una adecuada disponibilidad, lo cual implica el fortalecimiento de las redes de atención a través de los hospitales y centros de salud instalados en cada una de las wilayas. En tal sentido, la dinámica descentralizada en la que funcionan estos centros facilita la oferta de servicios de atención primaria básica. Sin embargo, no todos los procesos de referencia y contra referencia están garantizados debido a serias dificultades de equipamiento y disponibilidad de recursos en general.

En tercer lugar, el MSP-RASD debe tomar en cuenta de manera muy especial el grado de calidad que se está brindando actualmente en los servicios sanitarios, considerando elementos básicos como el diseño de dichos servicios, la conformidad que existe de ellos por parte de la población y el uso de los mismos.

Tampoco se cuenta con el número suficiente de especialistas locales ni con servicios permanentes de atención, para casos de alta complejidad, razón por la cual se debe recurrir siempre que es posible y la generosidad de los voluntarios y voluntarias lo permite, a la visita periódica de brigadas médicas provenientes principalmente de España.

Finalmente, el MSP-RASD debe considerar en su propuesta institucional aquellas intervenciones que promuevan la aceptabilidad de los servicios sanitarios ofrecidos, teniendo que realizar, cuando sea pertinente, adaptaciones culturales y mejoras en la atención focalizada a las mujeres y estratos de población y de edad con mayores necesidades sanitarias de acuerdo al perfil epidemiológico elaborado para los campamentos (MSP-RASD, 2015: 18 – 19).

De acuerdo a la información del MSP-RASD, para el año 2015 la tasa de mortalidad neonatal precoz se ubica en 11,8 por cada 1.000 nacidos vivos, mientras que la tasa de mortalidad materna registra un índice de 1.8 por cada 1.000 nacimientos con vida. La tasa de natalidad es de 1,7 nacidos vivos ese año por cada mil personas, registrándose una tasa de anemia en las mujeres embarazadas de 78%. El porcentaje de niños y niñas inmunizados contra el sarampión es de 93%. El porcentaje de partos institucionales, es decir, atendidos por personal sanitario formado es de 80%. En cuanto a la relación entre personal de salud y población, existen 3,44 médicos por cada diez mil habitantes y 7,39 enfermeras matronas para la misma cantidad de población. También se cuenta con 2,48 matronas por cada diez mil personas. Se ha incrementado significativamente el número de las mujeres embarazadas que realizan tres o más consultas prenatales, pasando del 53% (2014) al 70% (2015). Similar situación se ha presentado con el porcentaje de niñas y niños que acuden a todas las revisiones pediátricas, subiendo del 37% (2014) al 69% (2015).

6.3. ¿Cómo se identifican las intervenciones programáticas desde la perspectiva de la TdC?

Las intervenciones de promoción del desarrollo son un conjunto de actividades a diferentes niveles, tanto tácticas como estratégicas, que posibilitan alcanzar los resultados planificados. Se deben elaborar, a través de lógicas estratégicas, al igual que la Visión de Éxito y que los Resultados, de forma participativa y estableciendo los compromisos y responsabilidades específicas de cada uno de los actores directamente involucrados.

Tal como nos recuerda Kees Prins, experto holandés en programas de desarrollo, *"una estrategia de intervención se caracteriza por la actuación de personas e instituciones en el interior de familias y/o comunidades a las que no pertenecen, con la finalidad de apoyarlas en la satisfacción de sus necesidades y realización de sus posibilidades. Para que tal actuación sea eficaz es de suma importancia que se adecúe a las iniciativas y proyectos de la propia población, que en última instancia es protagonista de su destino"* (1996: 15). Por tanto, se trata de una acción conjunta en la que tanto actores externos como protagonistas internos deben desempeñar un rol estratégico.

Dicha intervención conjunta debe ser fruto de *"una verdadera unidad de propósito y de acción"*, de *"un proceso abierto de contrastación de puntos de vista e intereses divergentes, tanto entre institución y población como al interior de la misma población"* (Prins, 1996: 17). Tanto los actores intervinientes externos, como los actores centrales del desarrollo, es decir, la propia población, deben lograr una compatibilidad integral de intereses, una síntesis de expectativas y proyecciones.

En relación con los niveles de intervención y sus respectivas acciones, debemos tener claro los diferentes niveles de intervención y sus respectivos logros. Mientras las estrategias apuntan al logro de los objetivos centrales de la intervención, las tácticas son componentes de menor nivel que conforman dichas estrategias, los caminos para implementarlas (Harnecker, 1973: 5). En el diseño tanto de estrategias como de tácticas es fundamental tener en cuenta la correlación de fuerzas existente, es decir la relación que podemos encontrar entre las correspondientes capacidades que poseen los actores de imponer sus intereses a través de diversos mecanismos (Harnecker, 2012: 17).

Una de las principales críticas que se han hecho a la eficacia de las intervenciones de cooperación internacional consisten en afirmar que, hasta el momento, los procesos de desarrollo han trabajado fundamentalmente cambios sectoriales de impacto relativo (lo que comúnmente denominamos como reformas), basados en efectos de intervenciones puntuales. Por tanto, son escasas aún aquellas intervenciones programáticas y multisectoriales que han sido capaces de generar auténticos impactos sostenibles (cambios sociales permanentes) que han conllevado a los países destinatarios de las intervenciones a convertirse en países desarrollados (Sogge 1998, 2004).

Por esta razón, al diseñar las actividades, los resultados y los objetivos a largo plazo en las intervenciones promotoras de desarrollo, se insiste en que estos componentes tengan siempre un carácter transversal, participativo, sostenible en el tiempo y que tomen en cuenta mínimamente enfoque de derechos, medioambiente, interculturalidad y género.

6.4.   *¿Cómo se elaboran los supuestos desde la perspectiva de la TdC?*

Desde la perspectiva del EML, la secuencia que enlaza causalmente los insumos con las actividades, las actividades con los resultados y los resultados con los objetivos, configura el eje fundamental de la lógica de intervención, definiendo su coherencia. Es la llamada "lógica vertical". Además, se establece una relación directa de causalidad condicional entre cada uno de los niveles de la jerarquía de objetivos con sus respectivos niveles de supuestos, definiendo la viabilidad de la propuesta y configurando esta vez lo que se denomina "lógica horizontal". De esta forma, la primera y cuarta columna de la MPP, instrumento principal del EML, se convierten en los pilares lógicos de las propuestas, fundamentos de la hipótesis de acción.

Pero aunque a nivel teórico el EML sigue planteando esta metodología de diseño como su propuesta fundamental, lamentablemente constatamos de manera permanente que la mayor parte de los proyectos construidos desde dicho enfoque no valoran adecuadamente a los supuestos como elementos estratégicos de construcción, encontrándose con frecuencia formulaciones estándar, poco fundamentadas en evidencia y absolutamente descontextualizadas con cada uno de los niveles de intervención. En este sentido, las permanentes alusiones al clima favorable, el apoyo de las políticas gubernamentales o la voluntad favorable de los actores indirectos involucrados en la intervención resultan redacciones recurrentes que no aportan gran cosa a la hora de analizar las condiciones de viabilidad ofrecidas desde el contexto.

La razón fundamental de estos reiterados despropósitos radica en el mal uso del propio EML. A pesar de sus años de vigencia, de su conocimiento y uso difundido, de haberse convertido en el lenguaje metodológico común de las propuestas de promoción del desarrollo, aún no se utilizan adecuadamente los instrumentos de este enfoque. Con respecto a la identificación y definición de supuestos, debe tomarse plena conciencia que, dentro del ELM, el Árbol de Problemas es el referente principal. Aquellos ramales causales que no van a ser abordados por la intervención directa del proyecto o programa, es decir, que no forman parte de la alternativa óptima, no pueden quedar sueltos y sin tratamiento pues también han sido identificados como causas fundamentales del problema central que se pretende resolver. Por tal motivo, deben ser tomados en cuenta para que otros actores presentes en el contexto los aborden y/o que se generen una serie de condicionamientos que alteren su tendencia causal vigente. Por tanto, deben convertirse indefectible en supuestos de esa intervención específica.

Cada supuesto corresponde a un riesgo previamente identificado a través de un análisis focalizado y especializado. Dicho riesgo debe ser valorado y, en caso de encontrarse más allá del control directo del proyecto, afrontado como un factor externo. De tal manera, entendemos por riesgo a la medida de la magnitud de los daños que pueden ocasionarse frente a una amenaza determinada del entorno. Es decir, es el resultante de un determinado grado de vulnerabilidad frente a una amenaza específica. Se mide a través de dos parámetros: la magnitud del daño posible y la probabilidad de ocurrencia de dicho daño.

Para el diseño de supuestos de los programas y proyectos, sólo se deben considerar los riesgos externos que tengan una probabilidad razonable de ocurrencia. Además, se expresan como una condición que tiene que darse para que se cumpla la relación de causalidad en la jerarquía de objetivos, Por tal motivo, los supuestos deben ser desarrollados para cada uno de los niveles de intervención, planteándose en clave complementaria. Es decir, siguiendo el planteamiento de la lógica horizontal del EML, para que se cumpla con un determinado resultado, por ejemplo, deben realizarse todas las actividades previstas del mismo y, complementariamente, deben cumplirse los supuestos planteados a ese mismo nivel de intervención.

Gráfico N° 12
Diseño de Supuestos en Teoría del Cambio

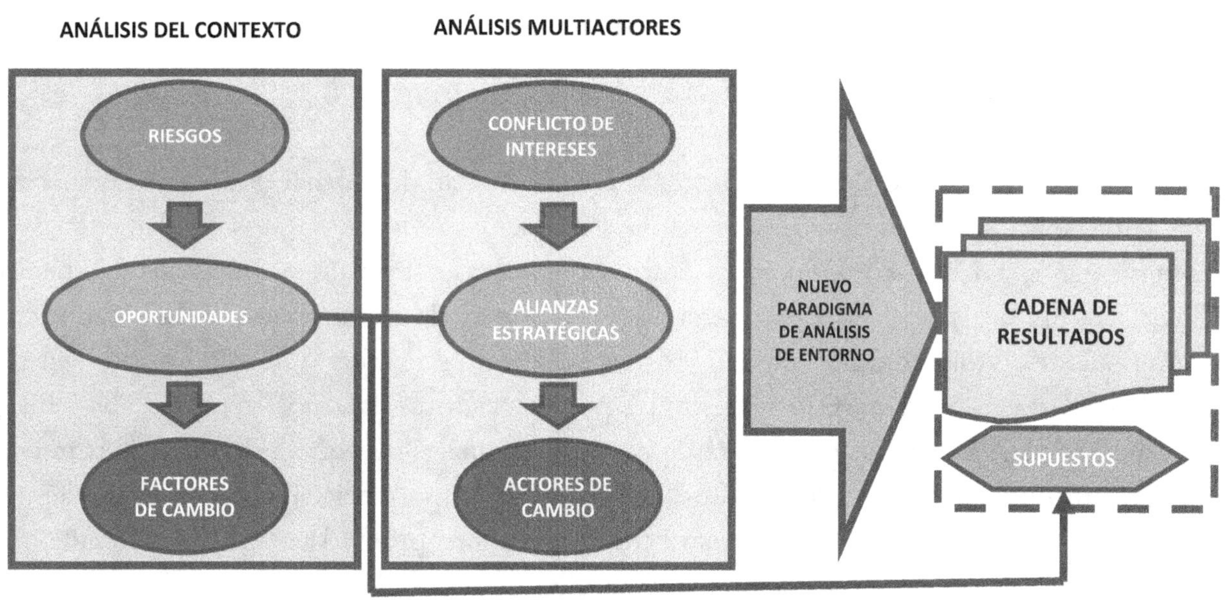

A diferencia de lo ocurrido en la práctica con los proyectos formulados desde el EML, los supuestos en la TdC son trabajados como elementos estratégicos desde la concepción misma de la propuesta de intervención pues forman parte estructural de su lógica, tanto de su coherencia como de su viabilidad. A través de esta práctica, los supuestos se convierten en elementos principales de referencia para definir el éxito o fracaso de los proyectos.

Tanto los factores externos como la dinámica de los propios actores protagonistas de los procesos de transformación configuran los dos componentes fundamentales para la construcción de la Cadena de Resultados, incluyendo los respectivos factores externos que constituirán el marco de supuestos. Estas hipótesis de intervención de terceros, distintos a los protagonistas principales del proceso de cambio, describirán las condiciones externas necesarias para que dichos cambios se produzcan, tomando como principales referencias tanto las oportunidades del contexto como las alianzas estratégicas con estos actores indirectos. En esta relación entre el análisis del contexto y el mapeo multiactores se basa la propuesta metodológica de la Cadena de Resultados pues, observando las condiciones del entorno, incorpora esos elementos a su planteamiento de visión de futuro y de ruta estratégica para alcanzarla. Propuesto desde la perspectiva del CEEM, dicha interrelación entre estos dos tipos de estudios constituye un nuevo paradigma de análisis de contextos basado en la dinámica existente entre contextos, actores y procesos.

6.5. ¿Cómo se articulan los supuestos dentro de la lógica de causalidad estructurada desde la perspectiva de la TdC?

Tal vez la fase de la TdC donde se plantea mayor necesidad de trabajar desde una perspectiva y metodología innovadora de diseño sea la elaboración de los supuestos fundamentales de intervención. Dichos componentes, entre otras cosas, serán los principales elementos articuladores de las lógicas de coherencia y viabilidad de las propuestas. Los supuestos, componentes indispensables en la construcción de escenarios futuros basados en las tendencias de comportamiento presentadas por los factores externos, representan siempre hipótesis en torno a situaciones fuera de control organizacional que influyen decisivamente en las precondiciones. En ello radica su trascendental importancia. Deben ser fruto de una profunda capacidad de análisis y prospectiva, basada siempre en la evidencia obtenida a lo largo del proceso de diseño de la intervención.

Como hemos visto anteriormente, la construcción de escenarios básicos (mínimamente dos: el más probable y el deseado), analizando los posibles comportamientos actuales y futuros de factores complejos y determinando tendencias, es la aplicación más importante en la construcción de supuestos fundamentales. Dicha elaboración de supuestos ha estado marcada, al igual que otros instrumentos que hemos ido revisando a lo largo de esta presentación, por una impresionante evolución a lo largo de los últimos años. Los vemos radicalmente transformados desde su aparición inicial como componentes claves del EML, pasando por su importante relevancia en el Método ZOPP (metodología que propuso por primera vez el diseño, seguimiento y evaluación de indicadores de supuestos) hasta llegar a su actual afinamiento a través de la TdC, desempeñando la función de soporte de viabilidad de la intervención descrita en la Cadena de Resultados.

Para el adecuado diseño de supuestos es necesario haber hecho previamente, como parte del análisis de contexto, una detallada identificación de riesgos y oportunidades. Aquellos riesgos o amenazas externas que quedan sin ser atendidas directamente por la intervención se convierten en supuestos críticos, por lo que se debe garantizar su abordaje desde otras intervenciones institucionales afines en el mismo ámbito de actuación. De no asegurarse dicha intervención externa, se debe analizar nuevamente la factibilidad real de implementar las actividades planificadas.

Por ejemplo, pensando en las precondiciones que constituyen el proceso de intervención política para la solución del conflicto saharaui-marroquí, podemos comentar que desde octubre del año 2018 en las resoluciones referidas a dicho conflicto, la ONU está retirando progresivamente el uso de la palabra *"referéndum"* y hablando más genéricamente de la *"libre determinación del pueblo del Sahara Occidental"*, a pesar que teóricamente el mandato principal de la Misión de Naciones Unidas para el Referéndum en el Sahara Occidental (MINURSO) es precisamente la realización de esta consulta popular. Para una solución del conflicto pacífica y ajustada al derecho internacional uno de los supuestos críticos fundamentales es la realización del referéndum de autodeterminación, pues este proceso clave no se encuentra bajo la responsabilidad exclusiva del gobierno saharaui. Si la ONU claudica a sus principios fundacionales y acepta alguna otra solución que no pase por el referéndum, contradiciendo todas sus resoluciones emitidas hasta el momento, hará inviable el proceso de negociación entre el Frente Polisario y el reino de Marruecos que se ha retomado desde el mes de diciembre de 2018, el mismo que cuenta también con la participación de los gobiernos de Argelia y Mauritania. Lamentablemente, la posición de Marruecos va cobrando más fuerza conforme pasa el tiempo, en una auténtica imposición de criterios a través de una estrategia de desgaste y de chantaje diplomático a sus socios europeos, haciéndoles pensar que tienen el verdadero control de los flujos migratorios provenientes de África subsahariana y del comercio ilegal de drogas que ingresa por el sur de España.

6.6. *¿Cuál es la importancia de los enfoques de intervención desde la perspectiva de la TdC?*

La implementación de la TdC implica, como parte esencial del necesario cambio de paradigma, recuperar los enfoques participativos de intervención, los mismos que dan la correspondiente preponderancia a las poblaciones destinatarias frente al rol subsidiario desempeñado por las organizaciones interventoras externas.

Bajo tal concepción, todas las organizaciones promotoras del desarrollo que no forman parte del aparato estatal (quien es el responsable último de garantizar el bienestar integral de su población) desempeñan una labor temporal, asignada inevitablemente ante la ausencia o insuficiencia de la acción estatal. Dicha labor debe ser desarrollada hasta que el Estado sea capaz de asumir a plenitud su ineludible responsabilidad o, en su defecto, cuando las necesidades de la población que dieron origen a dicha intervención sean satisfechas.

Uno de los principales enfoques de intervención impulsores de las propuestas de empoderamiento de la población destinataria para la gestión de los proyectos es el llamado enfoque programático o procesal. Surgido en los años 70, este enfoque designa a *"la forma abierta (programática) en que se asignan los recursos: se establece un monto global y su uso exacto se acuerda en diálogo con los grupos meta, así como las actividades, metas y resultados por lograr"* (Prins, 1996: 87).

Desde esta perspectiva, las organizaciones que lo adoptan se ven impulsadas, en primer lugar, a mejorar su capacidad de análisis e interpretación del contexto, detectando con claridad las necesidades, oportunidades y limitaciones de la población con la que se gestionará la propuesta. En segundo lugar, dichas organizaciones deben tener la capacidad de adecuar su intervención (e incluso adecuarse ellas mismas) a los cambios experimentados tanto en el entorno como en la dinámica de los actores (macro y micro-entorno).

Por otro lado, para impulsar procesos de promoción del desarrollo sostenible en la RASD es necesario incorporar otro enfoque metodológico fundamental: el territorial. Y hay que hacerlo tomando en cuenta las cuatro realidades geográficas nacionales: territorios ocupados, territorios liberados, campamentos de Tindouf y diáspora. En este sentido, es importante recuperar la propuesta presentada por el Instituto HEGOA, centro de investigación adscrito a la Universidad del País Vasco (UPV/EHU), denominada "Desarrollo en el Refugio". A través de dicho planteamiento se buscaba fortalecer las capacidades de la población e instituciones saharauis, proporcionándoles los insumos y competencias necesarias para construir su propio Estado y economía cuando recuperasen su territorio actualmente invadido. En tal sentido, se planteaban intervenciones especializadas en educación, salud, cultura, formación profesional y gobernabilidad en los campamentos de refugiados junto con proyectos de recuperación de la memoria histórica, promoción de derechos humanos y apoyo a defensores y defensoras saharauis en territorios ocupados. Dentro del trabajo impulsado en Tindouf, concebido en todo momento como una intervención transitoria en espera de una solución política definitiva ajustada a la legalidad internacional, se implementaban estrategias de motivación tales como el sentido político de resistencia y solidaridad, el crecimiento personal y profesional, el reconocimiento social, el acompañamiento técnico y los incentivos económicos.

En el terreno de la salud pública, por ejemplo, el enfoque territorial implica un trabajo con perspectiva de mediano y largo plazo, donde un escenario que contemple la posibilidad de retorno inminente es muy poco probable (tal como se contemplaba entre los años 1997 y 1999), razón por la cual se deben promover intervenciones que favorezcan la rehabilitación y construcción de nueva infraestructura, fortalecimiento de programas de atención primaria y políticas de prevención. Asimismo, se deben contemplar intervenciones de carácter itinerante, de modo que sea posible asignar la suficiente capacidad de desplazamiento.

Como parte de esta propuesta territorial, se debe incluir en calidad de intervención prioritaria la promoción del desarrollo socioeconómico local en los territorios liberados, actualmente bajo la soberanía de la RASD. En esta perspectiva se impulsó a fines de febrero del año 2009 la "Conferencia Internacional de Urbanismo y Reconstrucción de los Territorios Liberados", celebrara en la ciudad de Tifariti, con la presencia de centenares de delegados saharauis y decenas de profesores universitarios, especialistas en promoción del desarrollo y cooperación internacional de diversas instituciones extranjeras (españolas, argelinas, cubanas e inglesas). En este espacio, se abordaron diversos aspectos de la planificación y el replanteamiento urbanístico, las posibilidades de uso del territorio para la construcción del futuro soberano saharaui.

7. IDENTIFICACIÓN DE INDICADORES DE CAMBIO

Además de responder formalmente a fórmulas estándar ya establecidas desde el EML, tales como las clásicas condiciones MARTE, los indicadores deben permitir ante todo demostrar fehacientemente los niveles de transformación social alcanzados en los contextos intervenidos a través de las iniciativas implementadas de promoción del desarrollo, diferenciándolos claramente de aquellos donde no se ha presentado dicha intervención. Esto implica, entre otras cosas, una comparación temporal de los niveles logrados para los principales indicadores descriptivos de la situación final con aquellos niveles diagnosticados para estos mismos indicadores durante la situación inicial, y de ambos niveles con aquellos previstos para una situación futura proyectada, con la intención de medir los niveles de impacto, eficacia, eficiencia y sostenibilidad que alcanzará la intervención realizada.

7.1. ¿Cómo se definen los Indicadores de Cambio?

Los indicadores de cambio son aquellos instrumentos de medición del nivel de logro alcanzado en los procesos de transformación, y siguen la misma lógica de construcción que los indicadores en el EML y la Gestión por Resultados. Es decir, como fundamental criterio de calidad, estos indicadores mínimamente deben ser Medibles, Asequibles, Realistas, Temporales y Específicos – MARTE (también conocido como SMART, por sus siglas en inglés). Desde el enfoque de la TdC, los indicadores son concebidos como medidores críticos de efectos/impactos alcanzados desde una perspectiva de transformación social que proporcionan evidencia de logro.

Por las características antes mencionadas de este enfoque, los indicadores de cambio requieren de la instalación y mantenimiento de observatorios permanentes especializados, los que posibilitarán la actualización de la data de sustento para la adecuada construcción de consistentes sistemas de monitoreo de entorno. De igual manera, estos indicadores de cambio deben ser diseñados desde la perspectiva de los actores involucrados (proporcionando información en torno a los aspectos de sus vidas en los que se reflejarán los cambios, la temporalidad y alcance de dichos cambios, así como los destinatarios directos e indirectos.

En cuanto a la cantidad óptima de indicadores de cambio, se recomienda que, por lo menos, cada resultado tenga un indicador que verifique periódicamente su nivel de avance. Además, un dato importante de mencionar en esta sección es que los orígenes de la TdC surgieron precisamente en el campo del seguimiento y la evaluación, razón por la cual se sigue privilegiando su aplicación en dichas etapas del ciclo de los proyectos y, consecuentemente, son éstas las etapas donde dicho enfoque muestra mayores niveles de desarrollo, aplicación y validación.

La TdC fundamenta consistentemente el conocimiento y comprensión de los procesos de transformación de manera que se hace posible predecir, con un alto grado de confianza, cómo un conjunto de actividades podría funcionar en diferentes escenarios, o qué ajustes deben hacerse para optimizar el logro de los resultados. El conocimiento generado a partir del seguimiento permanente de los indicadores de cambio permite que la construcción de los escenarios futuros esté sustentada en evidencia validada y demostrable. Por esta razón, siempre se recomienda que, como parte del sistema de seguimiento y evaluación implementado, se realicen periódicamente estudios específicos especializados en profundidad atendiendo las principales temáticas observadas desde los mencionados indicadores.

Entre otros usos, estos estudios integrantes de los sistemas de monitoreo y evaluación de los programas y proyectos apuntan a respaldar un adecuado análisis de riesgos, cuyo objetivo principal es determinar aquellos factores que potencialmente podrían poner en peligro la viabilidad de la intervención programada y/o la obtención de determinados efectos.

7.2. *¿Cómo se diseña e implementa un Sistema de M&E desde el enfoque de la TdC?*

Un sistema de M&E es un conjunto de herramientas metodológicas, bases de datos, procesos y personal especializado dedicados a recoger, clasificar, actualizar, procesar, analizar y difundir la información generada a través de la gestión de una política, programa o proyecto con la finalidad de optimizar sus mecanismos de toma de decisión.

La herramienta más importante de un sistema de M&E es la Matriz de Indicadores, la misma que contiene los principales procesos e instrumentos de medición. Los indicadores son las medidas específicas que dan cuenta de los avances logrados en el cumplimiento de los objetivos y metas planificadas para cada nivel de la jerarquía de objetivos. De acuerdo a esta misma jerarquía, podemos encontrar en estas matrices cuatro tipos de indicadores: impacto, efecto, producto y proceso.

Desde la perspectiva del EML, cuando hablamos de Indicadores Verificables Objetivamente (IVO) nos referimos a la suma de indicadores más sus respectivas metas. Las matrices que se usan en este enfoque trabajan preferentemente con IVOs.

Tabla N° 5
Matriz de Indicadores

Logica de Intervención	Indicador	Fuentes de Verificación	Definición	Unidad de medida	Modo de cálculo	Línea de Base	Recolección			Reporte			Observ
							Instrum	Temporalidad	Respons	Instrum	Temporalidad	Respons	
IMPACTO													
EFECTOS													
PRODUCTOS													
SUPUESTOS													

Otro de los elementos fundamentales de los sistemas de M&E es la definición de los roles de los actores en el proceso de gestión del conocimiento acumulado. Es necesario explicitar quienes serán los actores que participarán directa e indirectamente en dicha gestión y cuáles serán las responsabilidades específicas de estos actores en las cuatro funciones básicas: recolección, procesamiento, análisis y reporte. Asimismo, si dicha participación implica cierto grado de injerencia en la toma de decisiones, esto también debe plantearse en las observaciones de la matriz, indicando el nivel de decisión (nulo, bajo, medio o alto) que dichos actores poseen. Desde la perspectiva de la TdC, esta información es clave, pues forma parte del mapeo de distribución de poder que debe hacerse como parte del AMA.

Al mismo tiempo, dicha matriz, además de incluir todos los niveles de intervención contemplados en los esquemas clásicos del EML (Impactos, Efectos, Productos, Procesos e Insumos), también debe incorporar la medición periódica de los supuestos de intervención. La inclusión de los "Indicadores de Supuestos" no es una propuesta nueva. Como hemos visto anteriormente, ya desde el año 1983, cuando la Agencia Alemana de Cooperación Técnica (Deutsche Gesellschaft für TechnischeZusammenarbeit – GTZ) crea el Método ZOPP (ZielOrientierte ProjektPlanung), es decir, de Planificación de Proyectos Orientada a Objetivos, la MPP utilizada por este método incluía una columna específica dedicada a la medición de los supuestos. De esta forma, la famosa matriz de cuatro columnas se reconfiguró de la siguiente manera: Primera Columna: Lógica de Intervención; Segunda Columna: IVOs; Tercera Columna: Supuestos; Cuarta Columna: Indicadores de Supuestos.

Este nuevo formato de matriz facilita enormemente el seguimiento y evaluación de todos los indicadores, incluidos los de medición de supuestos, desde una perspectiva comparada, incorporando a la dinámica permanente de M&E el denominado "Monitoreo de Entorno".

Frecuentemente, los sistemas de M&E han sido confundidos con meros sistemas de información. Esta apreciación no es tan exacta pues los sistemas de información no necesariamente consideran un componente analítico y aplicativo de los contenidos. En este sentido, antes que sistemas de información, los sistemas de M&E son auténticas estructuras de gestión del conocimiento, orientados a la toma informada de decisiones estratégicas. Estos sistemas consideran como su principal activo a los actores de la intervención y su respectivo conocimiento. Es precisamente en base al conocimiento generado desde estos sistemas que se deben construir los imprescindibles Árboles de Decisiones.

7.3. ¿En qué consiste el Análisis de Riesgos y cómo se realiza desde la perspectiva de la TdC?

Este análisis, en esencia, también está basado en los resultados obtenidos a través del seguimiento de los indicadores de supuestos, formando parte esencial del Monitoreo de Entorno. Es uno de los más importantes componentes estratégicos de la TdC. Consiste fundamentalmente en la revisión, actualización y categorización permanente de los niveles alcanzados por dichos indicadores a lo largo de la implementación y en la prospección de escenarios posibles. Se trata de un instrumento técnico estructurado orientado al manejo óptimo de la incertidumbre relativa ante la presencia de amenazas del contexto. Las estrategias que forman parte de la lógica de intervención siempre incluyen actividades destinadas a transferir, evadir o desviar el riesgo, reducir o mitigar los efectos negativos del mismo y asumir algunas o todas las consecuencias de algún riesgo en particular.

El análisis de riesgos consta de una fase inicial, consistente en la definición del alcance, para luego pasar a la respectiva identificación de variables a ser analizadas, en base al conocimiento proporcionado por el seguimiento de los supuestos. Una tercera fase plantea la identificación de amenazas del entorno. La cuarta fase de este análisis plantea la identificación de vulnerabilidades y fortalezas de la intervención y de los actores involucrados en base a los datos proporcionados por la valoración de los riesgos detectados. Una quinta fase propone evaluar los riesgos, determinando su probabilidad de ocurrencia y nivel de daño. Finalmente, se procede al diseño de los respectivos planes de contingencia.

Gráfico N° 13
Matriz de Evaluación de Riesgos (MER)

Severidad del daño				
4	4	8	12	16
3	3	6	9	12
2	2	4	6	8
1	1	2	3	4
	1	2	3	4

Probabilidad de Ocurrencia

De acuerdo a la MER antes presentada, las puntuaciones definidas tanto para la probabilidad de ocurrencia de los riesgos como para la severidad de los daños pueden ir del 1 al 4, calificándose 1 como insignificante, 2 como bajo, 3 como medio y 4 como alto. La valoración de cada riesgo, puntuando estos dos aspectos, dará por resultado una cantidad síntesis, la misma que permitirá ubicar a dicho riesgo en la MER. Para definir esta ubicación en las zonas de valoración de riesgos, los rangos de puntuación nos plantean que la zona comprendida entre los puntajes que van del 1 al 6 representan un bajo riesgo, mientras que aquella que va entre 8 y 9 plantean un riesgo medio. La zona de riesgo alto es aquella comprendida entre los puntajes que van del 12 al 16.

Los métodos de análisis de riesgos pueden ser cualitativos y cuantitativos. Los métodos cualitativos suelen ser complementarios a los cuantitativos, posibilitando fortalecer la evidencia especialmente cuando la información cuantitativa no es suficiente. Incluyen entrevistas individuales y grupales, evaluación para grupos multidisciplinarios y consulta a expertos (Método Delphi).

7.4. ¿En qué consiste el Análisis de Sensibilidad y cómo se realiza desde la perspectiva de la TdC?

Los análisis de sensibilidad permiten determinar tanto la viabilidad como la sostenibilidad de los programas y proyectos. Son aplicados a determinadas variables e indicadores clave de la intervención (generalmente de carácter socioeconómico) con la finalidad de configurar una serie de variantes en los escenarios, pudiendo preparar medidas específicas frente a los diversos comportamientos previstos. Se suelen trabajar focalizados en determinados colectivos o segmentos poblacionales, facilitando la observación de diferencias en las dinámicas de los actores frente a un escenario futuro específico.

Tabla N° 6
Magreb 2018: Principales indicadores demográficos

PAÍSES	Población	Densidad Poblacional	Población Urbana	Crecimiento demográfico	Esperanza de vida	Tasa de fecundidad	Población <15 años	Acceso agua potable
ARGELIA	42.716.136	17,64 h/km2	72,10%	1,70%	77,2 años	2,7	29%	84%
LIBIA	6.567.482	3,68 h/km2	79,80%	1,3%	76,9 años	2,2	28%	72%
MARRUECOS	36.634.233	78,84 h/km2	61,90%	1,30%	77,3 años	2,4	27%	85%
MAURITANIA	4.640.808	4,38 h/km2	52,80%	2,70%	63,8 años	4,6	40%	58%
RASD (*)	619.551	2,38 h/km2	80,90%	2,64%	63,8 años	4,0	37%	Sd
TÚNEZ	11.754.392	71,06 h/km2	68,60%	1,10%	75,9 años	2,2	24%	98%

Fuente: Informe de Desarrollo Humano. PNUD 2017. (*) Datos de población ubicada en territorios ocupados.

Desde la perspectiva de la TdC, los análisis de sensibilidad también forman parte de los sistemas de Monitoreo de Entorno y se proponen como mecanismos complementarios del diseño de escenarios que facilitan la comprensión de algunos aspectos concretos en el comportamiento futuro previsible de variables e indicadores. Optimizan el diseño e implementación de los planes de contingencia, permitiendo la incorporación de múltiples miradas en un único ejercicio integral de planificación.

Para comprender la importancia del análisis de sensibilidad en la TdC podemos tomar un ejemplo de la zona geográfica que ocupa el principal interés de este texto. El factor demográfico en los países pertenecientes al Magreb, además de ser un importante componente sociocultural estratégico, tiene un auténtico carácter político. La confrontación de las generaciones más jóvenes con las mayores actualmente en el poder se profundiza con el correr de los años, siendo más marcada en aquellos países donde el peso poblacional de las y los jóvenes es mayor. La actual situación socioeconómica magrebí caracterizada por el empleo escaso y precario, la falta de oportunidades académicas y profesionales, junto con el clima de creciente inseguridad e inestabilidad política, hacen que las nuevas generaciones acumulen una fuerte carga de inconformidad y traten permanentemente de reivindicar sus legítimos derechos en sus países y/o piensen en la emigración. Este es uno de los motivos por los cuales pirámides demográficas como la mauritana donde los menores de 15 años representan el 40% de la población, asociada a tasas altas de fecundidad, son auténticas bombas de relojería. Además, a esta situación debemos sumar componentes culturales característicos de sociedades tradicionales que promueven la instalación y consolidación de gerontocracias cerradas, limitando los espacios de participación política a los y las jóvenes.

Por otro lado, la elevada tasa de natalidad de la población de la RASD, tanto la residente en los territorios ocupados como la asentada en los campamentos de Tindouf, responde a una consistente política pública de población, consciente y promovida directamente desde el Estado saharaui. Recordemos que hace poco más de cuarenta años esta población magrebí sufrió un genocidio silenciado en medio de la guerra librada contra Marruecos en defensa de su territorio. Cerca de tres mil saharauis fueron asesinados durante su huida hacia Argelia durante los primeros meses de 1976, a través de bombardeos masivos con fosforo blanco y napalm. Además, tratándose de una nación con un alto porcentaje de su población en el exilio y cuyo territorio se encuentra actualmente invadido por muchos colonos marroquíes, es imprescindible mantener un volumen poblacional que les permita recuperar nuevamente su territorio.

Las estadísticas de un territorio no autónomo en litigio como es el caso de los territorios ocupados de la RASD son susceptibles de presentar innumerables vacíos, controversias y manipulaciones de acuerdo a los intereses políticos de quién las exponga y del momento o circunstancia en que éstas sean ofrecidas. Adicionalmente, a esta complicada circunstancia debemos añadir el hecho frecuente que no existe clara distinción en dichas estadísticas de quiénes son residentes originarios y quiénes colonos en dicho territorio. Por ello, para tener una idea general de los volúmenes macro y las tendencias, sin atender demasiado a los detalles específicos de las cantidades menores, vamos a observar las cifras presentadas por el Departamento de Asuntos Económicos y Sociales (DAES) de la ONU. De acuerdo con esta institución, los detalles de la dinámica poblacional en los territorios ocupados de la RASD ha sido la siguiente:

Año	Población	Tasa de crecimiento
1951	14 914	N/A
1952	16 819	12.77 %
1953	18 152	7.93 %
1954	19 283	6.23 %
1955	20 494	6.28 %
1956	21 974	7.22 %
1957	23 818	8.39 %
1958	26 038	9.32 %
1959	28 576	9.75 %
1960	31 336	9.66 %
1961	34 241	9.27 %
1962	37 288	8.90 %
1963	40 581	8.83 %

Año	Población	Tasa de crecimiento
1974	70 309	-2.27 %
1975	72 583	3.23 %
1976	80 285	10.61 %
1977	93 396	16.33 %
1978	110 252	18.05 %
1979	128 011	16.11 %
1980	143 784	12.32 %
1981	155 973	8.48 %
1982	164 574	5.51 %
1983	170 497	3.60 %
1984	175 104	2.70 %
1985	179 855	2.71 %
1986	185 499	3.14 %

Año	Población	Tasa de crecimiento
1996	257 053	3.03 %
1997	264 624	2.95 %
1998	272 956	3.15 %
1999	283 488	3.86 %
2000	297 562	4.96 %
2001	315 980	6.19 %
2002	338 660	7.18 %
2003	364 333	7.58 %
2004	390 805	7.27 %
2005	415 851	6.41 %
2006	438 224	5.38 %
2007	457 829	4.47 %
2008	475 079	3.77 %

1964	44 312	9.19 %	1986	185 499	3.14 %	2009	490 577	3.26 %
1965	48 642	9.77 %	1987	191 966	3.49 %	2010	505 026	2.95 %
1966	53 797	10.60 %	1988	198 955	3.64 %	2011	518 727	2.71 %
1967	59 874	11.30 %	1989	206 176	3.63 %	2012	531 584	2.48 %
1968	66 301	10.73 %	1990	213 313	3.46 %	2013	543 659	2.27 %
1969	71 907	8.46 %	1991	220 312	3.28 %	2014	555 286	2.14 %
1970	75 606	5.14 %	1992	227 372	3.20 %	2015	566 787	2.07 %
1971	76 624	1.35 %	1993	234 605	3.18 %	2016	579 426	2.23 %
1972	74 927	-2.21 %	1994	241 976	3.14 %	2017	592 347	2.23 %
1973	71 944	-3.98 %	1995	249 497	3.11 %	2018	605 556	2.23 %

Si observamos detenidamente en las cifras anteriores la tendencia general del volumen total poblacional saharaui, deduciremos que dicha población ha presentado un crecimiento ascendente típico. Sin embargo, analizando los detalles de esta data año por año, especialmente las variaciones significativas en la tasa de crecimiento anual, visualizaremos muchos de los hitos más representativos de la historia de este país. Por ejemplo, a fines de los años 60 y comienzos de los 70 del siglo pasado, con el inicio de la lucha armada por la independencia de España, se registra una importante baja en la población saharaui. Esta tendencia decreciente se revierte radicalmente el año 1975 con la Marcha Verde y la llegada de miles de colonos marroquíes invadiendo el territorio de la RASD. Durante el año 1984 inicia nuevamente una tendencia decreciente, coincidiendo con el año en el que Marruecos se retira de la Organización para la Unidad Africana (OUA), conocida posteriormente como Unión Africana desde el año 2002.

Entre los años 2000 y 2004 observamos un nuevo repunte en el total de la población asentada en el territorio ocupado de la RASD. Estos son los años en los que la ONU inicia las gestiones para la implementación del Plan de Paz para la Autodeterminación del Pueblo del Sahara Occidental (conocido comúnmente como Plan Baker), alternativa al conflicto saharaui-marroquí que al final no logra ser concretada. El Plan Baker tenía la intención de reemplazar el Plan de Arreglo de 1991, detallado en el Acuerdo de Houston en 1997, convocando el anhelado referéndum. Inicialmente, Marruecos estuvo de acuerdo ya que se aceptaba la inclusión en este proceso electoral de todos los residentes en el Sahara Occidental, incluyendo los colonos marroquíes llegados con la Marcha Verde. Sin embargo, en el año 2003 rechazó el plan y dijo que ya no aceptaría ningún referéndum que incluyera la independencia como una opción.

Hasta el momento no se ha formulado ningún plan alternativo al Plan Baker, ni la ONU ha recuperado la propuesta del mismo para negociar la solución al conflicto. Por su parte, Marruecos permanece ocupando ilegalmente el territorio saharaui y proponiendo la autonomía del mismo como única solución final viable. Lamentablemente, varios gobiernos involucrados en este conflicto, incluido el gobierno español, avalan esta propuesta, desconociendo las diversas resoluciones de la ONU al respecto.

En esta convulsionada coyuntura, los datos demográficos son extremadamente sensibles, mostrando a través de sus tendencias las implicancias de las decisiones económicas y políticas implementadas en el territorio saharaui. Por tal motivo, para mantener un adecuado seguimiento del contexto es necesario diseñar instrumentos especializados que propicien el análisis del desarrollo de estas variables sociodemográficas y de sus posibles fluctuaciones e impactos. Variaciones en la tasa de fecundidad o emigración, por ejemplo, podrían alterar significativamente el actual escenario, haciendo necesario un cambio radical de estrategia tanto para una parte implicada en el conflicto como para la otra.

Finalmente, para identificar el verdadero sentido de estos imprescindibles ejercicios de sensibilidad y análisis exhaustivo del contexto es necesario recordar una de las grandes lecciones generadas en aquel periodo de gran esplendor para la cultura, las artes y las ciencias en El Magreb y en el sur de Europa, Al Ándalus. Nos referimos a una de las más importantes enseñanzas legadas por el conocido intelectual Ibn Jaldún, quien entre 1374 y 1382 escribió su famosa "Historia Universal"[7]. En los *Mugaddimah* o *Prolegómenos* de esta obra, nos menciona que *"…Determinar la exactitud o falsedad de los datos es obra del crítico perspicaz, recurriendo siempre a la balanza de su propio juicio. Los sucesos que operan en la sociedad humana ofrecen caracteres de una naturaleza particular, caracteres que deben tomarse en consideración al emprender la narración de los hechos o la reproducción de los relatos, así como de los documentos o datos concernientes a los tiempos pasados".*

---

[7] Jaldún, Ibn (1977). "Introducción a la Historia Universal. Al-Mugaddimah". Fondo de Cultura Económica. México DF. Traducción de Juan Ferres, con un estudio preliminar, revisión y apéndices de Elías Trabulse (página 96).

8. DISEÑO DE LA CADENA DE RESULTADOS

Cada uno de los grandes enfoques metodológicos de diseño, seguimiento, evaluación y sistematización de programas y proyectos de desarrollo cuenta con uno o dos instrumentos representativos, que sintetizan los principales elementos de dichos enfoques y los caracterizan de tal manera que en muchos casos suelen confundirse entre sí. Es el conocido caso de la MPP, la misma que sólo en espacios muy especializados es conocida como tal. La mayor parte de personas, incluso profesionales gestores de proyectos, la llaman comúnmente "Marco Lógico", confundiendo el principal instrumento representativo con la denominación del enfoque. En este sentido, la Cadena de Resultados es uno de los más importantes instrumentos representativos de la TdC. A semejanza de lo que ocurre con el EML, en algunos espacios especializados de diseño y gestión de proyectos se confunde también a esta cadena con toda la propuesta de TdC, cayendo con esta falsa percepción en un reduccionismo metodológico bastante riesgoso.

8.1. ¿Cómo se diseña una Cadena de Resultados?

La Cadena de Resultados es el instrumento identificador de la lógica causal a nivel de políticas, estrategias, programas y proyectos. Presenta la ruta a través de la cual los insumos y procesos terminan generando servicios, actividades o productos, los mismos que a su vez conducen al logro de los efectos e impactos programados. Es decir, la Cadena de Resultados representa gráficamente la lógica del cambio y su correspondiente conjunto subyacente de supuestos fundamentales.

Como elementos guía para la construcción de esta cadena, se suelen formular las siguientes preguntas iniciales: ¿Cuáles son los resultados deseados de la intervención?, ¿Cómo deben alcanzarse?, ¿A través de qué precondiciones?, ¿Cómo se evidenciará el logro de dichos resultados?, ¿Cuáles son los datos del entorno que condicionan (a favor y en contra) el logro de los resultados propuestos?

Algunos autores especialistas en TdC plantean la necesidad de añadir un sustento teórico narrativo como parte de su construcción. Un texto de resumen que explique de manera detallada la lógica general de intervención, poniendo de relieve las principales hipótesis planteadas y presentando convincentemente cómo y por qué se espera obtener las metas propuestas. Este texto tendría un doble propósito. El primero, transmitir los principales elementos de la TdC de manera fácil y rápida a los demás. Y el segundo, ser una presentación pormenorizada de la TdC como un conjunto consistente y compacto de actividades, resultados, objetivos, indicadores y supuestos.

De esta forma se configura la estructura básica de la Cadena de Resultados a la que hay que sumarle necesariamente el conjunto de indicadores para visibilizar su propuesta de viabilidad. A esta estructura también se le pueden agregar otros importantes elementos de la TdC como los indicadores o la ubicación y participación de los grupos de interés, ya que no existe un formato único para presentar la intervención desde este enfoque. Sin embargo, debido a la complejidad de los análisis derivados de estos últimos elementos, se recomienda trabajarlos en matrices adicionales separadas de la Cadena de Resultados en su versión más elemental.

Aunque presenta nomenclaturas semejantes con el EML, debe tenerse mucho cuidado a la hora de intentar hacer equivalencias (actividad poco recomendable en estos casos), pues un mismo término no necesariamente significa lo mismo en ambos enfoques. El caso más representativo es la categoría "Resultados", la misma que en el EML se encuentra a nivel de los "Componentes", cuya expresión física a nivel de entrega de bienes y servicios son los "Productos" y es medida en términos de eficiencia. Para la TdC, los Resultados deben expresar ya, de manera efectiva, un cambio significativo con respecto a la situación inicial, es decir, un efecto. En este sentido, en categorías del EML corresponden más al Propósito que a los Resultados, pues debe ser medido en términos de eficacia y no de eficiencia.

Tanto los Insumos, como las Actividades y los Productos deben ser trabajados a través de herramientas de planificación operativa, mientras que los Resultados (en tanto efectos) pertenecen al ámbito de la planificación programática y los Impactos a la planificación estratégica. De esta forma, los Resultados reflejaran los cambios en las condiciones de vida de los destinatarios de la intervención a corto y/o mediano plazo, mientras que los Impactos estarán siempre referidos a los cambios significativos generados a largo plazo.

Gráfico Nº 14
Cadena de Resultados del Plan Estratégico de Salud 2016 – 2020. MSP RASD

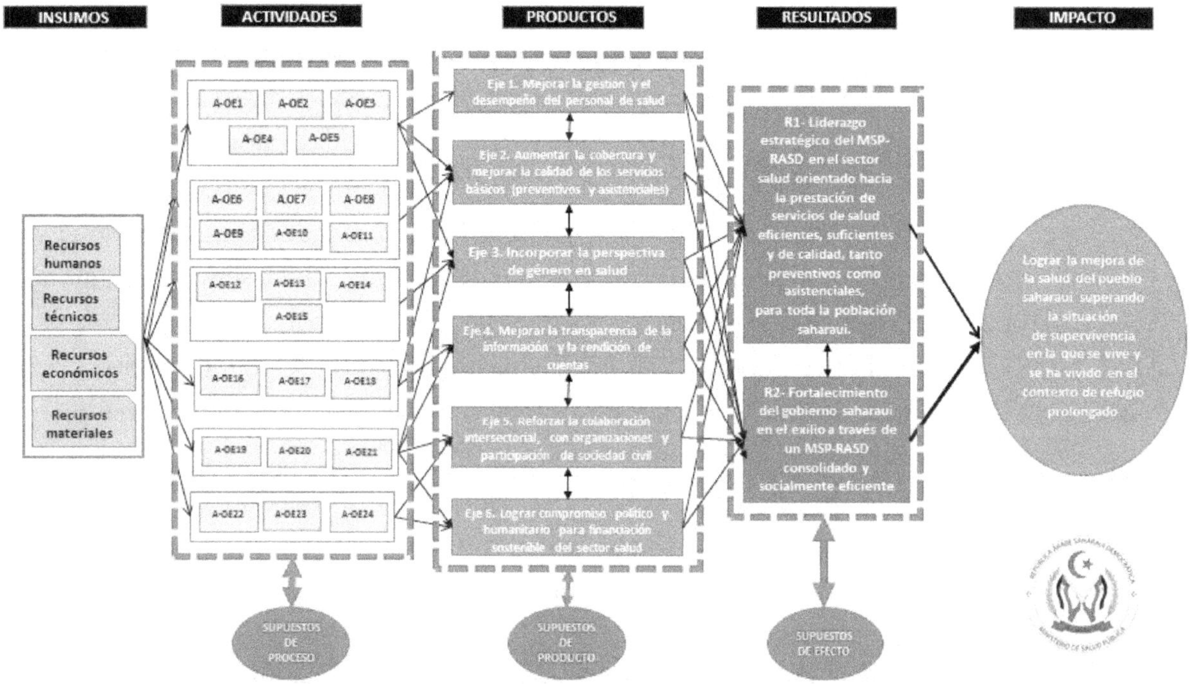

El sector salud, liderado por su máximo organismo público rector, el MSP-RASD, se encuentra actualmente entre los sectores de mayor consolidación técnico-profesional existentes en los campamentos de Tindouf, gracias tanto a las oportunidades de formación, fortalecimiento institucional y especialización brindadas principalmente desde Argelia y Cuba, como los apoyos puntuales regulares enviados desde España a través de las Comisiones Médicas Voluntarias. Debido a la gran importancia que tiene dicho sector en los planteamientos estratégicos de promoción del desarrollo de la población saharaui, a continuación exponemos la propuesta de intervención presentada en el Plan Estratégico del MSP-RASD del 2016 al 2020 como ejemplo aplicativo de Cadena de Resultados.

De acuerdo con este plan (MSP-RASD, 2015: 29-42), la Visión de Éxito a ser alcanzada en el año 2020 es "lograr la mejora de la salud del pueblo saharaui superando la situación de supervivencia en la que se vive y se ha vivido en el contexto de refugio prolongado". Para conseguirlo, será necesario consolidar el liderazgo estratégico del MSP-RASD, mediante el trabajo especializado a través de seis ejes y objetivos específicos planteados a nivel de productos, los mismos que configuran una cadena de resultados que presentamos a continuación:

- Eje 1: Mejorar la gestión y el desempeño del personal de salud.
    o Objetivo Especifico 1 (OE1): Avanzar en el desarrollo de un sistema de incentivación por categoría profesional en función de la titulación, la experiencia y el desempeño, y reforzar los mecanismos de inspección y evaluación del desempeño.
    o Objetivo Específico 2 (OE2): Fortalecer las capacidades técnicas y de gestión del personal, diferenciadas según las funciones a desempeñar: atención primaria, atención hospitalaria, y administración/gestión.
    o Objetivo Específico 3 (OE3): Elaborar una Ley General de la Carrera Profesional de los Servicios de Salud que ayude a consolidar una plantilla estable, capacitada y bien organizada.
    o Objetivo Específico 4 (OE4): Mejorar la información, participación y comunicación con los/as profesionales en lo relativo a la organización de servicios, derechos de los/as trabajadores/as, funciones a desempeñar y alcance de las metas en salud.
    o Objetivo Específico 5 (OE5): Implementar una política de mejora de las condiciones de trabajo y conciliación familiar, que facilite la incorporación de las mujeres en puestos de toma de decisiones.

- Eje 2. Aumentar la cobertura y mejorar la calidad de los servicios básicos (preventivos y asistenciales).
    o Objetivo Específico 6 (OE6): Desarrollar los planes de gestión y funcionales de centros sanitarios con cartera de servicios, reglamento y necesidades de personal, formativas, de equipamiento, suministros y medicamentos. Establecer organismos de gestión para su seguimiento.
    o Objetivo Específico 7 (OE7): Homogeneizar los procedimientos asistenciales hospitalarios y fomentar el trabajo en equipo de profesionales saharauis y cooperantes.
    o Objetivo Específico 8 (OE8): Establecer un sistema para el monitoreo del consumo medio y previsiones de necesidades de medicamentos y suministros que permita adecuar las compras a las carteras de servicios de los centros.
    o Objetivo Específico 9 (OE9): Consolidar el monitoreo de los programas de

salud infantil, salud reproductiva y enfermedades crónicas, definir la estructura organizativa de otros programas y reforzar la coordinación entre ellos y con organizaciones para garantizar los servicios necesarios.

- o Objetivo Específico 10 (OE10): Consolidar el Hospital Nacional como centro de referencia para todos los hospitales regionales y dispensarios, la atención especializada, y especialmente en Pediatría, Ginecología/Obstetricia, y Urgencias/Emergencias.
- o Objetivo Específico 11 (OE11): Consolidar los programas de salud animal y la prevención de enfermedades zoonóticas.

- Eje 3. Incorporar la perspectiva de género en salud.
  - o Objetivo Específico 12 (OE12): Aumentar el acceso a recursos y beneficios de las trabajadoras y las usuarias de los servicios de salud.
  - o Objetivo Específico 13 (OE13): Aumentar la participación de las mujeres en la toma de decisiones sobre su salud y a nivel de política sanitaria.
  - o Objetivo Específico 14 (OE14): Lograr la institucionalización de género en materia de legislación, documentos políticos y declarativos, y en gestión operativa.
  - o Objetivo Específico 15 (OE15): Mejorar la capacitación del personal del Ministerio de Salud y los diferentes centros en salud y género.

- Eje 4. Mejorar la transparencia de la información y la rendición de cuentas.
  - o Objetivo Específico 16 (OE16): Implantar un Sistema de Información de Salud y Vigilancia Epidemiológica que permita una mejor previsión, toma de decisiones y la comunicación de una información más completa a la población y actores.
  - o Objetivo Específico 17 (OE17): Desarrollar planes de comunicación y promoción de salud para aumentar la aceptabilidad de los servicios y programas entre hombres y mujeres, en cooperación con organizaciones de la sociedad civil y ONGs.
  - o Objetivo Específico 18 (OE18): Mejorar y abrir canales de información bidireccional y participación con las organizaciones internacionales para el apoyo a la prestación de servicios y la promoción de salud.

- Eje 5. Reforzar la colaboración intersectorial, con organizaciones y participación de sociedad civil.

     o Objetivo Específico 19 (OE19): Desarrollar un enfoque de salud en todas las políticas, empleando comités interministeriales y enlaces y alianzas con instituciones gubernamentales.

     o Objetivo Específico 20 (OE20): Reforzar la operatividad de la Mesa de Concertación y Coordinación en Salud, sus plataformas de salud y el liderazgo de sus portavoces y antenas.

     o Objetivo Específico 21 (OE21): Impulsar la coordinación y la firma de acuerdos con organizaciones de la sociedad civil para su participación en salud.

- Eje 6. Lograr compromiso político y humanitario para financiación sostenible del sector salud.

     o Objetivo Específico 22 (OE22): Requerir a la ONU y sus Agencias que garanticen la financiación sostenible de las necesidades básicas y la provisión de servicios de salud suficientes, de calidad, y universales, para toda la población saharaui.

     o Objetivo Específico 23 (OE23): Exigir a la Comunidad Internacional el compromiso por el derecho a la salud del pueblo saharaui y su apoyo para la solución política del conflicto y el referéndum.

     o Objetivo Específico 24 (OE24): Negociar y firmar acuerdos bilaterales con países amigos para la mejora de la salud.

Cada uno de los objetivos específicos propuestos contiene un paquete de actividades que permite su obtención. Así tenemos, por citar algunos ejemplos, al conjunto de actividades A-OE1, relacionado con la necesidad de conseguir recursos para financiar adecuados incentivos al personal de salud, que pretende facilitar el logro del OE1. De igual forma, el conjunto de actividades A-OE2, precondición para el cumplimiento del OE2, está dirigido a satisfacer las necesidades de formación de los/as profesionales identificadas en los Planes Anuales de Formación, junto con la puesta en marcha de un sistema de instrucción al puesto de trabajo, carrera profesional y evaluación del desempeño con evaluaciones trimestrales.

Para alcanzar el OE3 se plantea una estrecha coordinación entre el sector legislativo y el académico de la RASD, adquiriendo un especial protagonismo la Universidad de Tifariti y sus universidades aliadas en el desarrollo de planes de formación para las carreras sanitarias. El OE4 requiere del diseño, construcción y consolidación de un sistema de información sanitaria, integrado a otro sistema de información general, a través del cual se pueda mejorar las condiciones de información, comunicación y participación del personal sanitario saharaui junto con el extranjero de apoyo. El siguiente OE podrá desarrollarse adecuadamente con una pertinente legislación laboral que propicie la conciliación y la equidad en la distribución de las responsabilidades del hogar.

El desarrollo de sistemas de gestión y mecanismos gerenciales para establecimientos de salud forma parte del trabajo orientado al logro del OE6, mientras que para el OE7 la discusión y elaboración conjunta de protocolos de atención sanitaria, manuales de gestión sanitaria y formación práctica del personal de salud saharaui junto con el extranjero será el paquete de actividades clave. En relación al OE8 se desarrollará un conjunto de actividades que garantice el stock de medicamentos vitales y suministros clave al menos 11 meses al año, para hospitales y dispensarios, en tanto que al OE9 le corresponde un conjunto de actividades destinadas a reducir la Tasa de Mortalidad Materna a menos de 70 por cada 100.000 nacidos vivos, la Tasa de Mortalidad Neonatal a menos de 12 por cada 1.000 nacidos vivos y la Tasa de Mortalidad en menores de 5 años a menos de 25 por cada 1.000 nacidos vivos.

Para alcanzar el OE9 se propone diseñar e implementar un sistema de monitoreo y evaluación de los programas de salud infantil, salud reproductiva y enfermedades crónicas, respondiendo a los parámetros técnicos desde los cuales se interviene en el sector. En este caso, los organismos de cooperación internacional presentes en los campamentos de Tindouf tendrán un especial protagonismo en la construcción de dicho sistema. Por su parte, todas las actividades dirigidas al fortalecimiento del Hospital Nacional están planificadas en función al logro del OE10 de este plan. Por su parte, el OE11 contempla un estrecho trabajo coordinado con el Ministerio de Desarrollo Económico en función al desarrollo de estrategias de sanidad animal, especialmente aquellas dirigidas a ganado camélido y caprino.

El conjunto de actividades A-OE12 se propone lograr una cobertura universal en todas las dairas de los servicios de Salud Sexual y Reproductiva (seguimiento del embarazo, atención al parto, seguimiento del puerperio, planificación familiar, promoción de salud, y prevención y tratamiento del aborto), mientras que las actividades A-OE13 promoverán la participación activa de colectivos y organizaciones de mujeres de la sociedad civil en el análisis y toma de decisiones en salud. Finalmente, el logro del OE14 está basado principalmente en la elaboración y seguimiento de un Plan de Acción en Género y Salud (A-OE14). Para el logro del OE15, todas estas acciones se complementarán con una adecuada formación en salud y género, recurriendo preferencialmente a las instituciones académicas locales para el desarrollo de los programas curriculares.

Las actividades A-OE16 están orientadas al fortalecimiento del Sistema de Información de Salud, instrumento principal en los procesos de toma de decisiones mientras que, con la intención de mejorar la coordinación de las intervenciones en el sector, desde el OE18 se implementarán acciones dirigidas a consolidar el Programa Nacional de Promoción de Salud, integrando a organizaciones internacionales y colectivos de la sociedad civil. Por su parte, el conjunto de actividades A-OE17 consiste fundamentalmente en compartir periódicamente, información del avance en el logro de las metas y del funcionamiento de los servicios con donantes y población usuaria de los mismos, a través de la página web del Ministerio y medios de comunicación locales.

Los OE19, OE20 y OE21 serán alcanzados a través de actividades dirigidas a la promoción de la participación interinstitucional en el sector, especialmente a través de espacios como las Mesas de Concertación y Coordinación en Salud, plataformas y otras instancias colaborativas. En una realidad tan compleja y plagada de tantas carencias como la cotidianeidad saharaui en Tindouf, es imprescindible la confluencia de diversas organizaciones, permanentemente articuladas y generando sinergias. Asimismo, las actividades comprendidas en el conjunto A-OE22 están dirigidas a lograr una financiación suficiente y sostenible del sector salud para poder garantizar la cobertura universal de los servicios. El OE23, de carácter eminentemente político, concentrará actividades de incidencia dirigidas a lograr el compromiso de la comunidad internacional por la reivindicación de derechos a la salud del pueblo saharaui. Finalmente, el paquete de actividades correspondientes al OE24 está orientado a incrementar el número de donantes al Ministerio de Salud Pública, y el número de acuerdos de colaboración con otros países.

En última instancia, además de la cadena lógica causal de actividades, también tenemos la necesidad de contar con los recursos humanos, técnicos, económicos y materiales para alcanzar cada uno de los productos y objetivos planificados. A este conjunto de precondiciones o insumos, se deben sumar los supuestos de la intervención, relacionados con la participación de los diferentes actores internacionales involucrados directa e indirectamente en el conflicto.

Así tenemos, por ejemplo, como uno de los supuestos fundamentales la necesidad que la Organización de Naciones Unidas (ONU) haga respetar la legalidad internacional y convoque en la brevedad posible el referéndum de autodeterminación pendiente desde hace más de cuatro décadas. Este acontecimiento permitiría, en caso que los resultados de dicho referéndum sean favorables a la opción por la independencia, contar con los recursos necesarios para impulsar las diferentes iniciativas de promoción del desarrollo en la RASD, incluyendo la financiación directa y autónoma de su sector sanitario.

Otro de los supuestos para el logro de la Visión de Éxito propuesta en este plan implica que los flujos de cooperación internacional, oficial y no oficial, no se vean drásticamente reducidos, debido a la presión internacional y/o a la crisis financiera mundial, de modo que se pueda seguir fortaleciendo el sector mediante el envío de recursos económicos, materiales y humanos. Este es un supuesto crítico pues se trata de una situación que efectivamente ha estado ocurriendo durante los últimos años. De acuerdo a la información proporcionada por la Agencia Española de Cooperación Internacional para el Desarrollo (AECID), publicada a través de sus Planes Anuales de Cooperación Internacional (PACI) podemos apreciar que ya desde el año 2010 se inicia un periodo de reducción de la ayuda, marcando una tendencia negativa que se mantiene hasta nuestros días.

Tabla N° 7
Ayuda Oficial al Desarrollo Bilateral (Bruta) destinada a los campamentos de población refugiada saharaui (Tindouf)

AÑO	Monto (Millones de euros)
2012	19,5
2011	14,0
2010	12,4
2009	32,3
2008	13,8

Fuente: PACI - AECID

Sin embargo, esta misma agencia, en su Memoria de Actuación 2015. Campamentos de Población Refugiada Saharaui señala que salud es el sector que se ha visto más fortalecido en los últimos años a través del Convenio que implementa Médicos del Mundo (MdM) en el ámbito de la salud materno-infantil y de atención a enfermedades crónicas y Agua, Saneamiento e Higiene, dadas las grandes dificultades existentes entre los campamentos en el acceso al agua. El total de fondos destinados en 2015 para actuaciones humanitarias ascendió a 5.041.836 euros. Cuatro fueron los principales organismos destinatarios de los fondos de la OAH para la población refugiada saharaui, siendo el principal destinatario el PMA, que continúo desarrollando su operación de suministro de canasta básica a través de su programa

PRRO 200301 (Protracted Relief and Recovery Operation). Además, durante ese año también se apoyó a la Media Luna Roja Argelina para la distribución de productos frescos y al ACNUR para apoyar un proyecto de rehabilitación de alojamientos familiares afectados por las inundaciones acaecidas en el mes de octubre junto con otro proyecto en el sector salud. En términos comparativos respecto al año 2014, se registró un incremento de 950.836 euros. En perspectiva, en el sector salud AECID garantizó una intervención focalizada a través del Convenio con MdM hasta el año 2017, añadiendo a dicha actuación la financiación de un proyecto a la Fundación Ojos del Mundo dirigido a la salud oftalmológica de la población refugiada.

Las lluvias torrenciales que periódicamente afectan los campamentos de Tindouf también son un factor climático externo clave para determinar la viabilidad de las intervenciones, tanto en el sector salud como en el resto de sectores de promoción del desarrollo. La falta de acceso a determinadas dairas, la contaminación del agua potable, las enfermedades producto del estancamiento de agua, entre otras condiciones desfavorables, hacen mucho más difícil la implementación de las políticas sanitarias por parte del ente rector. Por último, el contexto de inseguridad que se está desarrollando en el Magreb en general, y en Argelia (sobre todo a lo largo de su frontera sur) en particular, también está afectando seriamente la implementación de intervenciones en promoción del desarrollo en los campamentos saharauis de Tindouf.

Volviendo a los componentes operativos del plan, de acuerdo con la información proporcionada por el MSP-RASD, en la política preventiva adoptada figuran los siguientes programas: Educación, promoción y sensibilización; Control medio ambiente; Control de potabilización de las aguas; Control veterinario; Control y seguimiento del embarazo; Control de patologías crónicas; Lucha contra la anemia y desnutrición; Programa de niño sano; Control de tuberculosis; Vacunación; Salud escolar y Consulta ordinaria.

Los análisis de lógicas de intervención implican también revisiones estructurales organizacionales, para verificar si las instituciones involucradas presentan las condiciones necesarias y suficientes para asumir su responsabilidad en la implementación de los procesos de transformación social. Así, como ejemplo, veremos cuál es la estructura organizativa que tiene el MSP-RASD para implementar este plan estratégico. Las principales instancias organizativas del Ministerio son las siguientes:

- Ministro
  - Gabinete Ministerial
- Secretaría general del Ministerio
  - Oficina del Secretario general
  - Servicio de Información Sanitaria (SIS)
    - Departamento de Estadística
    - Departamento de Informática
    - Departamento de Admisión
  - Oficina general
  - Secretaría
- Direcciones centrales
  - Dirección de prevención
    - Departamento de sensibilización, educación y promoción de salud
    - Departamento de Higiene y epidemiología
    - Departamento de Materno infantil
    - Departamento de Vacunación
  - Dirección de asistencia medica
    - Departamento de Programas Médicos
    - Departamento de Enfermería
    - Departamento de Patologías crónicas
    - Departamento de Salud escolar
  - Dirección Central de Medicamentos y Equipamientos Médicos
    - Departamento de Medicamentos
    - Departamento de Equipamiento paramédicas
    - Departamento de Laboratorio de producción
  - Dirección de logística
    - Departamento de Alimentos
    - Departamento de Equipamiento inmobiliario
    - Departamento de Transporte y mantenimiento
  - Dirección de personal
    - Departamento de Formación
    - Departamento de Personal
  - Dirección de cooperación
  - Dirección de atención de enfermos en el exterior
  - Dirección de veterinaria.

8.2.   *¿Cómo se vincula la Cadena de Resultados con el Presupuesto para el Cambio?*

La mejor manera de vincular la Cadena de Resultados y, en general, toda la TdC a los presupuestos de implementación de iniciativas de promoción del desarrollo es priorizando el diseño y ejecución de presupuestos por actividades como instrumento principal de gestión económica financiera, pasando aquellos elaborados por conceptos o rubros a un uso complementario. Esto implica un importante cambio de lógica, dejando de lado los formatos tradicionales de gestión económica para proyectos. Para ello, el principal instrumento metodológico a desarrollar es el Costeo Basado en Actividades (ABC, por su denominación en inglés "Activity Based Costing"), método creado a mediados de los años ochenta del siglo XX que permite optimizar la ingeniería de costos de los proyectos. Particularmente, facilita la correcta identificación de los costos indirectos y gastos administrativos asociados a un producto o servicio, mediante la vinculación directa a las actividades de las que depende su origen y desarrollo. En tal sentido, se trata de un enfoque más realista de costeo que permite ver claramente la participación y contribución directa, en términos de recursos invertidos, de cada uno de los actores involucrados en los procesos de gestión de las intervenciones.

Este método de costeo posibilita procesamientos posteriores más sofisticados, que involucran ya no sólo analizar los costos de cada uno de los involucrados en función de su participación en las actividades programadas sino también el beneficio o rentabilidad social generada. Este es el principio básico de los análisis de evaluación socioeconómica de proyectos conocidos como estimación de efectos distributivos (Londero, 1987). De esta forma, el cambio en el bienestar de un colectivo destinatario debido a una intervención específica puede determinarse a través del análisis de dichos efectos redistributivos. Este enfoque define cuáles son los y las integrantes de dicho colectivo que son beneficiados o perjudicados, de qué forma y en qué medida. Cabe destacar que existe una estrecha relación entre la gestión de cambios y el uso de metodologías presupuestarias orientadas a resultados. Dicha interrelación suele ser muy bien aprovechada en la gestión pública. La TdC facilita esta interrelación, optimizando los recursos destinados a la obtención de productos, efectos e impactos (gestión por resultados). Por esta razón, en un presupuesto diseñado desde esta perspectiva los productos (outputs) de una intervención no se definen exclusivamente en función de los impactos finales (outcomes), sino que adquieren sentido desde su ubicación intermedia a lo largo de toda la cadena de resultados, articulando estrategias eficientes para la generación de valor público.

9. CAJA DE HERRAMIENTAS PARA LA TEORIA DEL CAMBIO

Después de consultar algunos textos eminentemente teóricos sobre TdC, muchos y muchas profesionales de la promoción del desarrollo se quedan con la sensación de haber encontrado la clave para dar respuesta a la mayor parte de las interrogantes surgidas a lo largo de la implementación de sus propuestas y, sobre todo, durante la evaluación de las mismas. Sin embargo, al no contar con instrumentos que la hagan operativa, dichos profesionales tienden a subestimar prematuramente los alcances del descubrimiento y a descartar el enfoque por considerarlo poco práctico.

En un intento de resolver estas importantes dificultades, presentaremos algunas de las múltiples herramientas que pueden ser utilizadas bajo la perspectiva de la TdC, enfatizando en el desarrollo de aquellos componentes que consideramos estratégicos dentro de este potente enfoque.

9.1. ¿Cuáles son las principales herramientas metodológicas recomendadas para la implementación de la TdC?

Existen diversas herramientas pertinentes para desarrollar adecuadamente una TdC. Muchas de ellas son antiguos instrumentos metodológicos usados desde otros enfoques y validados a lo largo de todos sus años de uso. Otras son herramientas novedosas o enriquecidas con nuevos elementos surgidos de la aplicación de lecciones aprendidas. A modo de ejemplo, desarrollaremos algunas de las más recurrentes, a partir de las cuales se puede construir consistentes Cadenas de Resultados. Así, podemos mencionar instrumentos como las Líneas de Tiempo (LdT), los Mapas Conceptuales (MC), los Flujogramas de Intervención y las Matrices de Supuestos, entre los más significativos.

9.2. *¿Cómo se usan las Líneas de Tiempo en un enfoque de TdC?*

También llamada "Eje Cronológico", la LdT es una representación gráfica de espacios temporales definidos, durante los cuales ocurrieron determinados procesos o acontecimientos relevantes (hitos). Se trata de una herramienta altamente versátil ya que no importa la escala para su uso. Estos gráficos bajo formato de continuum son aplicables a historias de vida, ciclos de productos, proyectos, organizaciones así como también para contextos locales, regionales, nacionales o mundiales.

La LdT resalta aspectos básicos de los procesos o acontecimientos históricos tales como duración, secuencia, lógicas de causalidad y relación con otros procesos y/o acontecimientos. Con el uso adecuado de algún software especializado (TimeRime o Tiki-Toki, entre los principales) se generan elementos interactivos que potencian su capacidad de comprensión y visualización.

Desde su lógica de rescate de la historia como perspectiva clave de planificación, las LdT están destinadas a representar la forma cómo un determinado colectivo humano concibe y gestiona el tiempo, tanto el cronológico como el histórico. No es preciso que tales instrumentos tengan que mostrarse visualmente como una recta ni describir una secuencia lineal de acontecimientos ya que, como bien sabemos, numerosas culturas ven el tiempo desde lógicas cíclicas o de desarrollo paralelo.

Para diseñar una LdT, es conveniente partir de algunas preguntas guía motivadoras como las siguientes:

- ¿Cuáles han sido los antecedentes más representativos de intervención referidos al sector/localización/actores de la política, programa o proyecto en cuestión?
- ¿Cuáles han sido los principales acontecimientos (hitos) a lo largo de la implementación de dicha política, programa o proyecto?
- ¿Qué acontecimientos paralelos representativos se han desarrollado a lo largo de la implementación de la política, programa o proyecto mencionado?
- ¿Qué proyección en el tiempo tiene la política, programa o proyecto en cuestión?
- ¿Qué cambio se desea alcanzar en dicho horizonte de tiempo?, ¿Cuáles son sus características principales?

A modo de ejemplo, analizaremos una sección de la extensa y compleja LdT correspondiente al conflicto saharaui-marroquí. Para efectos de esta presentación, hemos escogido el tramo que va desde 1966 hasta 2010, pues es aquel en el que se presentan los acontecimientos de mayor relevancia en el mencionado conflicto. Sin embargo, somos conscientes que para entender adecuadamente las relaciones internacionales entre estos dos países es imprescindible que nos remontemos a muchas décadas atrás y que, al mismo tiempo, interrelacionemos la intervención de otros países directamente relacionados, como es el caso de España, Francia, USA, Cuba, Argelia, Libia, Mauritania o Yemen.

Como podemos apreciar en el siguiente gráfico, en el contexto de independización de los países magrebíes (Libia en 1947, Marruecos y Túnez en 1956, Argelia en 1958 y Mauritania en 1960), surge durante el año 1967 en el territorio saharaui, en esos momentos bajo dominación española, el Movimiento para la Liberación del Sahara (MNLS). Dicho movimiento insurreccional fue fundado por Mohamed Sidi Brahim Basir (Basiri) para combatir al colonialismo español y lograr la independencia saharaui. Basiri se convierte en el primer desaparecido saharaui cuando el 17 de junio de 1970 el MNLS organiza una manifestación en el barrio de Zemla, en El Aaiún.

El 10 de mayo de 1973 se crea el Frente Polisario, movimiento de liberación nacional continuador del MNLS que inicia su lucha armada el 20 de mayo de ese año con el objetivo de alcanzar la independencia de España. Luego de unos años de guerra de liberación, la Marcha Verde (del 6 al 9 de noviembre de 1975), junto con el Acuerdo Tripartito de Madrid (14 de noviembre de 1975), cambió el rumbo de la historia saharaui y desató una guerra entre el Frente Polisario y Marruecos junto a Mauritania, los mismos que contaban con el apoyo de Francia. Este conflicto se prolongó hasta el año 1991 cuando se firma el alto al fuego. El 27 de febrero de 1976 se proclama la RASD. El inicio de la guerra obliga a la población saharaui a huir a la frontera argelina, formando a las pocas semanas los campamentos de refugiados de Tindouf, en el suroeste del territorio argelino.

Con el alto al fuego de 1991, se inicia un nuevo periodo en la historia saharaui, caracterizado por la lucha por el cumplimiento de la legalidad internacional, plasmada en la preparación para la realización del referéndum de autodeterminación a través del cual su población debe decidir si reafirma la proclamación de una república independiente o elige otro camino democrático. Ese periodo de tiempo aún no ha terminado, y todas las acciones políticas saharauis, civiles y militares, giran en torno a la defensa de su derecho a decidir.

Aunque desde el año 2010 a la fecha se han dado diversos y graves acontecimientos que han complejizado aún más la situación, especialmente aquellos relacionados con la permanente violación de los derechos humanos en los territorios ocupados y las incursiones del ejército marroquí en zonas bajo dominio saharaui violando con ello el alto al fuego del año 1991, actualmente y en términos generales el conflicto presenta un severo estancamiento pues no sólo no se ha definido aún una fecha oficial de celebración del referéndum, sino que al interior de la ONU, institución garante de la legalidad internacional, se vienen barajando desde hace algunos años otras alternativas distintas al referéndum, muy cercanas a las propuestas marroquíes de resolución del conflicto.

Cualquier propuesta de promoción de desarrollo debe tomar como antecedente histórico este recorrido, procesando todos los detalles de aquellos acontecimientos que han tenido una repercusión significativa en la configuración y consolidación de la RASD, así como la dinámica que han adquirido las relaciones internacionales de esta república.

Gráfico N° 15
Línea de Tiempo del conflicto saharaui-marroquí 1966 – 2010

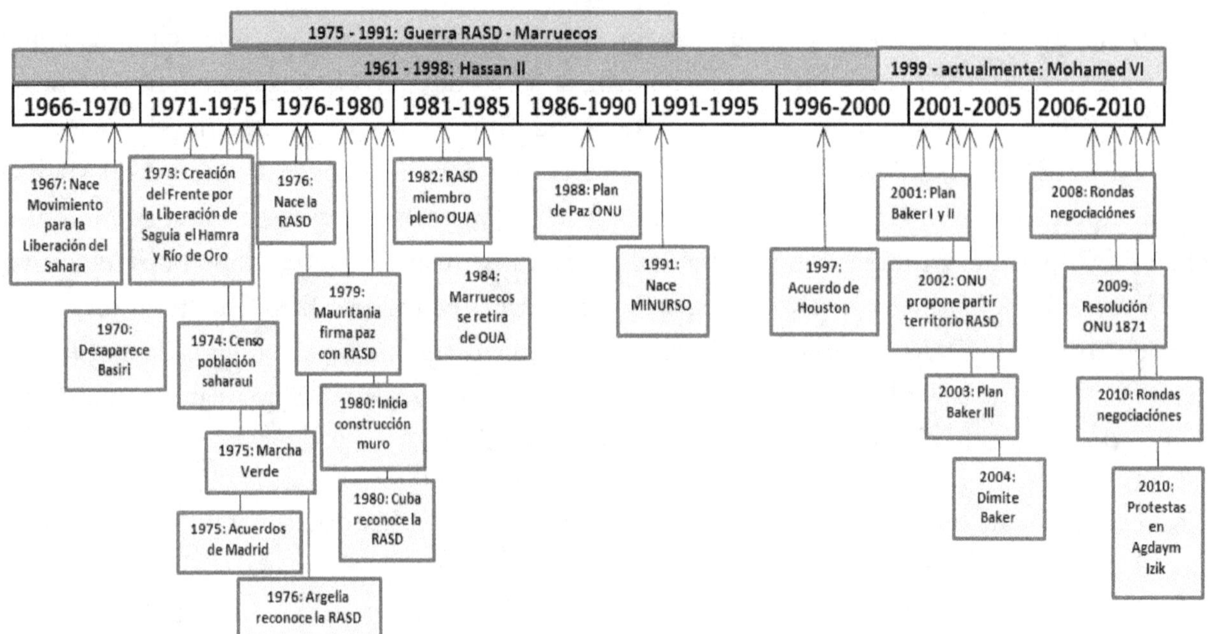

9.3. ¿Cómo se usan los Mapas Conceptuales en un enfoque de TdC?

Los MC son instrumentos de ordenamiento y visualización de conceptos y de sus interrelaciones jerárquicas. Pueden ser de diversas clases, entre las que destacan:

- **Panorámicos**: Con características descriptivas, abarcan temáticas generales, de forma global.
- **Detallados o Desarrollados:** Analíticos, incluyen gran cantidad de detalles respecto del tema tratado.
- **Jerárquicos:** Están organizado a partir de un concepto clave ubicado en la parte superior del mapa, y desde el cual van descendiendo el resto de los elementos que lo componen, por orden de importancia.
- **De Araña:** Presentan el concepto o temática principal en el centro y, a partir de ésta, los temas de inferior jerarquía alrededor, de modo semejante a las patas de una araña.
- **De Organigrama:** Presentan la información de forma vertical descendente, indicando la dirección correcta para su lectura.
- **Sistémicos:** Similares a los de organigrama, pero con varias entradas y salidas en sus secciones.
- **De Paisaje:** Toma como referencia un espacio real o ficticio, organizando la información de acuerdo a la imagen presentada.

Para el diseño de los MC actualmente también existen programas informáticos especializados de libre acceso tales como CmapTools, FreeMind, Mindomo, Xmind, entre otros. Al construirlos, en primer lugar debe identificarse un listado completo de conceptos clave, componentes constitutivos, para luego agruparlos y clasificarlos desde el más general al más específico. Una vez ordenados, se deben conectar los conceptos con líneas de enlace de acuerdo al tipo de relación. Finalmente, se necesita comprobar la coordinación y consistencia establecida con una relectura transversal de revisión.

Para visualizar de mejor manera la lógica de los MC, podemos usar el ejemplo de las intervenciones técnicas especializadas para enfrentar la desnutrición crónica infantil en los países en vías de desarrollo. La desnutrición crónica infantil, especialmente la que afecta a niños y niñas menores de cinco años, es una de las problemáticas socioeconómicas más complejas y, al mismo tiempo, mejor analizadas desde las diversas propuestas de promoción del desarrollo en el mundo.

La razón fundamental de esta destacada importancia radica en su dinámica multicausal, la misma que la convierte en uno de los indicadores síntesis más eficaces a la hora de identificar los auténticos niveles de desarrollo humano en una región o país.

De acuerdo con su modelo causal más consensuado, presentado desde agencias especializadas de la ONU como el Programa de Naciones Unidas para el Desarrollo (PNUD) y el Programa Mundial de Alimentos (PMA), existen dos grandes causas inmediatas para la desnutrición crónica infantil: la ingesta nutricional inadecuada y las enfermedades infecciosas, especialmente las Enfermedades Diarreicas Agudas (EDA) y las Infecciones Respiratorias Agudas (IRA), las que junto con la parasitosis disminuyen radicalmente en los niños y niñas las reservas de micronutrientes fundamentales como el hierro y el zinc.

Asimismo, identificadas en el nivel subyacente, existen tres causas asociadas a situaciones del entorno que presentan vínculos con la seguridad alimentaria, las políticas de salud materno-infantil y la provisión de los servicios de salud. Estas causas son el acceso insuficiente a alimentos (vinculado a su vez con el bajo nivel de ingresos de los hogares), la atención social inadecuada al niño, niña y a la madre desde el Estado (que ocasionan una débil alimentación y desarrollo infantil, prácticas inadecuadas de higiene e inapropiado cuidado psicosocial y en el hogar) junto con una insuficiente e inconveniente oferta de servicios de salud y falta de saneamiento básico (relacionada especialmente con la ausencia de acceso a agua segura, eliminación de excretas y residuos sólidos).

Detrás de este conjunto de causas inmediatas y subyacentes se ubican las causas básicas o fundamentales, de carácter estructural. Dichas causas se encuentran relacionadas directamente con el desfavorable entorno sociopolítico (que impide la apropiada implementación de medidas de protección de su población más vulnerable), el progresivo deterioro en el medio ambiente y la falta de un acceso democrático a la tecnología, especialmente a la productiva alimentaria.

En un intento por hacer frente a esta complicada problemática, se han planteado diversos enfoques y lineamientos de política, así como programas y proyectos especializados, tanto desde los organismos multilaterales de desarrollo como desde los propios Estados. Uno de los enfoques de intervención más importantes y de mayor difusión implementados en las últimas cuatro décadas es el de seguridad alimentaria y nutricional, a través del cual se busca crear las condiciones propicias para la erradicación progresiva de la desnutrición crónica.

De acuerdo con la FAO, la seguridad alimentaria es la *"situación en la que todas las personas, tienen en todo momento acceso físico y económico a suficientes alimentos inocuos y nutritivos para satisfacer sus necesidades dietarias y preferencias alimentarias que permitan llevar una vida sana y activa"* (Cumbre Mundial sobre Alimentación, Roma 1996). Además, *"un entorno político, social y económico pacífico, estable y propicio, constituye la base fundamental que permitirá a los Estados atribuir la debida prioridad a la seguridad alimentaria y la erradicación de la pobreza. La democracia, la promoción y protección de todos los derechos humanos y libertades fundamentales, inclusive el derecho al desarrollo, y la participación plena y equitativa de hombres y mujeres son indispensables, a fin de alcanzar la seguridad alimentaria sostenible para todos"* (FAO, 1996).

La primera vez que se utilizó el término de "seguridad alimentaria" fue en 1974, durante la Cumbre Mundial sobre Alimentación en Ottawa. Su marco conceptual toma en cuenta tres ejes determinantes: disponibilidad, acceso y uso de los alimentos, considerando que la situación alimentaria de un país, hogar o individuo está determinada por la interacción de una amplia gama de elementos agroambientales, socioeconómicos y biológicos. Asimismo, debe considerarse como un cuarto componente complementario transversal en este marco la estabilidad de estos tres ejes a lo largo del tiempo. Por otra parte, de acuerdo al PMA, la seguridad nutricional *"es una condición en la cual todos los individuos y hogares tienen alimento seguro, cuentan con buen acceso a cuidados preventivos y curativos de salud empleando prácticas saludables y sostenibles para su cuidado"* (PNUD-PMA, 2010).

La ausencia o insuficiencia de niveles adecuados de seguridad alimentaria se definen como situaciones de inseguridad alimentaria y nutricional, sean éstas crónicas, estacionales o transitorias. La inseguridad alimentaria crónica describe una condición de alimentación regularmente inadecuada, afectando a personas, hogares y/o países que carecen de la capacidad para adquirir alimentos, sea para producirlos ellos mismos, comprarlos o canjearlos. Este tipo de inseguridad alimentaria es de carácter estructural y está profundamente enraizada en las condiciones de pobreza y exclusión que sufre la población más vulnerable. La inseguridad alimentaria estacional obedece a un patrón cíclico de carencia de alimentos mientras que la inseguridad alimentaria transitoria es una ruptura temporal puntual en el acceso a los alimentos de la población de un país o región. Suele estar relacionada con la inestabilidad en la producción alimentaria, en los ingresos familiares, en el empleo o en los precios de los alimentos.

Todas estas condiciones de inseguridad alimentaria se definen a través de análisis de vulnerabilidad, entendiendo desde los lineamientos del PMA a la Vulnerabildad Alimentaria como el estado de indefensión de un grupo poblacional frente a la exposición a riesgos, impactos y tensiones en relación a su capacidad de acceder, disponer y utilizar adecuadamente los alimentos necesarios.

Este abordaje desde la vulnerabilidad tiene implicancias tanto en la programación en caso de emergencias como en la formulación de políticas de seguridad alimentaria de largo plazo. Estos análisis siempre permiten una respuesta más focalizada que un simple cálculo del total de la brecha alimentaria.

Trascendiendo a una perspectiva economicista, reduccionista y parcializada, la seguridad alimentaria debe concebirse siempre incorporando enfoques transversales de intervención como los derechos humanos, el género y la interculturalidad. Desde este enfoque, por ejemplo, el pleno ejercicio del derecho a la alimentación, base de las propuestas de seguridad alimentaria, debe implicar también *"el derecho a la producción o adquisición de alimentos en cantidad y calidad suficientes, libres de sustancias nocivas y culturalmente aceptables"* (Informe del Alto Comisionado de Derechos Humanos, 2001).

Desde esta visión, en la Conferencia Mundial de Alimentación de 1974 se proclamó que *"todos los hombres, mujeres y niños tienen el derecho inalienable a no padecer de hambre y malnutrición a fin de poder desarrollarse plenamente y conservar sus facultades físicas y mentales"*. Entonces se fijó también el objetivo de erradicar el hambre, la inseguridad alimentaria y la malnutrición en el plazo de diez años. Sin embargo, este compromiso no se cumplió principalmente por falta de voluntad política y las consecuentes fallas en la formulación de las políticas y en la financiación (FAO, 1996). La FAO reafirmó entonces que *"un entorno político, social y económico pacífico, estable y propicio, constituye la base fundamental que permitirá a los Estados atribuir la debida prioridad a la seguridad alimentaria y la erradicación de la pobreza. La democracia, la promoción y protección de todos los derechos humanos y libertades fundamentales, inclusive el derecho al desarrollo, y la participación plena y equitativa de hombres y mujeres son indispensables, a fin de alcanzar la seguridad alimentaria sostenible para todos"* (FAO, 1996).

Conviene en este punto profundizar en el concepto de vulnerabilidad, tan necesario para entender las implicaciones del concepto de seguridad alimentaria en términos de políticas públicas. Se habla de vulnerabilidad en tres dimensiones: como producto de un determinado resultado, como producto de factores de riesgo y como consecuencia de la incapacidad para manejar esos factores de riesgo. La vulnerabilidad al hambre puede significar que en el presente no se sufra de ese flagelo, aunque pueda presentarse dicha situación en el futuro. De suerte que el término mismo supone dos tipos de intervención: para reducir los riesgos y para aumentar la capacidad para enfrentarlos.

Por su parte, durante esta importante Cumbre Mundial de Alimentación celebrada en Roma, la que marcó un auténtico hito en el debate, el movimiento Vía Campesina planteó por primera vez otro concepto que generó un modelo alternativo crítico a las políticas mundiales oficiales en la lucha por la erradicación del hambre en el mundo, la soberanía alimentaria.

Se define, a través de la Declaración de Nyéléni (Mali, 2007) como *"el derecho de los pueblos a alimentos nutritivos y culturalmente adecuados, accesibles, producidos de forma sostenible y ecológica, y su derecho a decidir su propio sistema alimentario y productivo (…) La soberanía alimentaria da prioridad a las economías locales y a los mercados locales y nacionales, y otorga el poder a los campesinos y a la agricultura familiar, la pesca artesanal y el pastoreo tradicional, y coloca la producción alimentaria, la distribución y el consumo sobre la base de la sostenibilidad medioambiental, social y económica. La soberanía alimentaria promueve el comercio transparente, que garantiza ingresos dignos para todos los pueblos, y los derechos de los consumidores para controlar su propia alimentación y nutrición"*.

La soberanía alimentaria debe estar fundamentada en seis componentes estructurales:

a) Es una propuesta que se centra en alimentos para los pueblos, priorizando la necesidad de alimentación de las personas e insistiendo en considerar los alimentos como algo muy distinto a las mercancías.

b) Pone en valor a los proveedores de alimentos, apoyando modos de vida sostenibles y respetando el trabajo de todos los proveedores de alimentos.

c) Ubica adecuadamente los sistemas alimentarios, reduciendo las instancias de intermediación, que alejan a los proveedores de los consumidores de alimentos, rechazando las prácticas de dumping y la asistencia alimentaria condicionada y resistiendo la dependencia de corporaciones manipuladoras del mercado nacional e internacional de alimentos.

d) Sitúa la gestión y el control de los alimentos a nivel local, colocando dicha gestión autónoma en manos de proveedores locales, reconociendo la necesidad de habitar y compartir territorios productivos entre todos los demandantes locales de alimentos y rechazando la privatización de los recursos naturales.

e) Promueve el conocimiento y las habilidades, rescatando el conocimiento tradicional, utilizando la investigación aplicada para apoyar y transmitir este conocimiento a generaciones futuras y rechazando todas las tecnologías que atentan contra los sistemas alimentarios locales.

f) Es totalmente compatible con el respeto absoluto a la naturaleza, maximizando las contribuciones de los ecosistemas, mejorando su capacidad de recuperación y rechazando el uso intensivo de energías de monocultivo industrializado y demás métodos destructivos.

Mientras que el concepto de seguridad alimentaria no da cuenta de los niveles de concentración de poder económico en los distintos eslabones de la cadena alimentaria ni del comercio internacional de alimentos ni tampoco de la propiedad de medios de producción clave, como la tierra o el acceso a la información, el concepto de soberanía alimentaria parte justamente de constatar la asimetría en los distintos mercados y espacios de poder involucrados, por ejemplo, en los ámbitos de las negociaciones comerciales multilaterales. En este sentido, revela el papel equilibrador que debe jugar un Estado democrático, negando la concepción de los alimentos como meras mercancías.

Gráfico N° 16
Mapa Conceptual de laos dos principales enfoques de intervención frente a la desnutrición crónica infantil

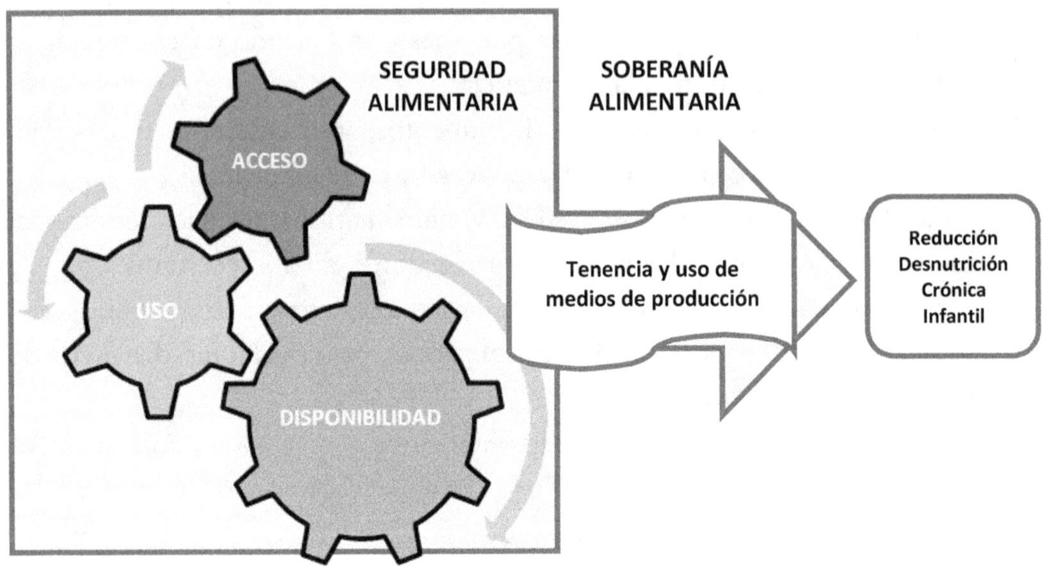

La incorporación de componentes económicos, sociales y políticos de carácter estructural en las propuestas de intervención ofrece una mayor garantía de impacto y sostenibilidad al evaluar y consolidar los logros alcanzados. Por tal motivo, desde el enfoque de soberanía alimentaria se busca ampliar y concretar de mejor manera la lógica de los tres ejes determinantes de la seguridad alimentaria, buscando un desarrollo de competencias que optimicen la capacidad de producir y proporcionar alimentos a la población, así como garantizar prioritariamente el derecho a la tenencia y al uso de los medios de producción, especialmente de la tierra y el agua. Entendida así, la soberanía alimentaria expresa la aspiración de todo pueblo de mantener y desarrollar su propia capacidad de producir los alimentos básicos que necesita, respetando la diversidad productiva, cultural y el medio ambiente natural.

9.4. ¿Cómo se usan las "Matrices de Supuestos" en un enfoque de TdC?

Tal como hemos visto en la correspondiente tabla, la Matriz de Indicadores (de Cambio) siempre debe incluir una sección especial dedicada a la medición de los indicadores de supuestos, planteados como la base de un posible sistema de Monitoreo del Entorno. Dichos sistemas se vienen desarrollando de una manera más amplia desde hace ya varios años en los ámbitos empresariales, incorporando en dichas estructuras de observación de contexto a los análisis de riesgos y sensibilidad. Sin embargo, lamentablemente en los ámbitos de la promoción del desarrollo y la cooperación internacional hemos hecho muy poco trabajo de este tipo, al que podríamos denominar de "inteligencia social".

Los planteamientos que derivan de la implementación de la TdC desde una perspectiva crítica, recogiendo e incorporando los aportes de disciplinas de profundo análisis como la prospectiva, especialmente la desarrollada en su vertiente francesa, nos permitirán construir las bases de lo que podría ser la estructura básica de esta clase de sistemas de monitoreo del contexto.

9.5. ¿Cómo se usan los Flujogramas de Intervención en un enfoque de TdC?

También llamados "Diagramas de Flujo", los flujogramas en general son representaciones gráficas estandarizadas de las operaciones que componen un proceso. Existen diversas clasificaciones de los flujograma, siendo las más representativas las siguientes:

a) Por su forma: Pueden ser Verticales, Horizontales, Panorámicos o Arquitectónicos.
b) Por su propósito: Pueden ser de Forma, de Labores, de Método, Analítico, de Espacio, Combinados.
c) Por su direccionalidad: Diagramas de flujo vertical, Diagramas de flujo horizontal, Diagrama de flujo de bloques.
d) Por su presentación: Pueden ser de Bloque y de Detalle.

Gráfico N° 17

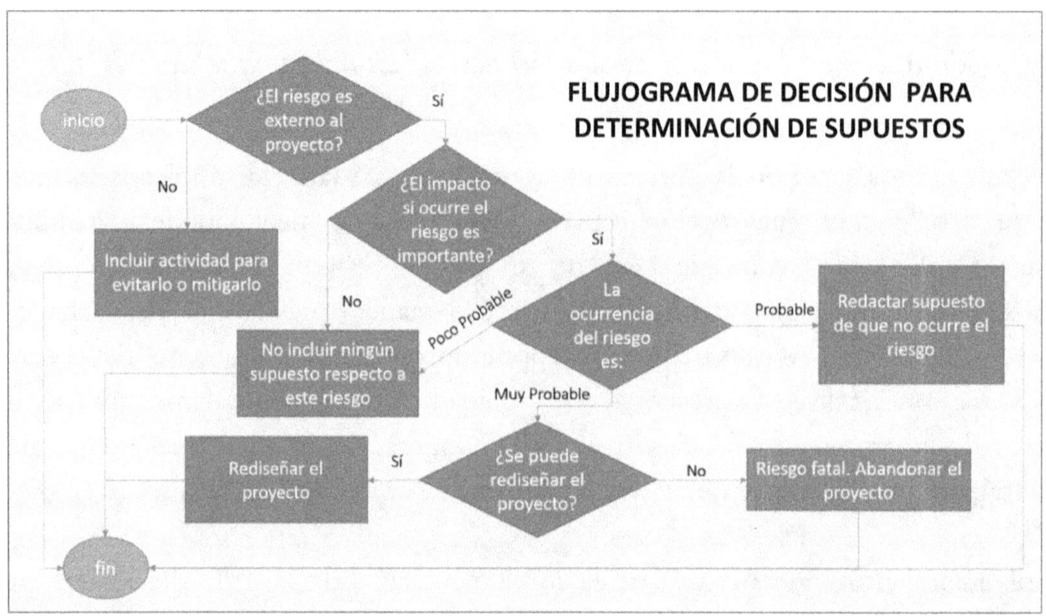

9.6. ¿Cuál es el grado de compatibilidad de la TdC con el EML?

Esta suele ser la pregunta final recurrente en todos los talleres de TdC que hemos desarrollado con el CEEM hasta el momento. Y se plantea debido a la fuerte presencia del EML en la actual dinámica de gestión de los proyectos de promoción del desarrollo y cooperación internacional. Parte de la necesidad de no perder lo ya alcanzado a nivel metodológico en términos de estandarización, establecimiento de lenguajes comunes y de paradigmas oficiales de concepción del desarrollo, así como también de seguir contando con un enfoque manejable, conocido, que no plantee grandes dificultades y que, sobre todo, sea "práctico".

Desgraciadamente, a pesar de los años desde su creación, el EML ha sido incapaz de superar significativamente sus "defectos de fábrica" o de, en el mejor de los casos, optimizar sus procesos constitutivos más importantes. Esta condición lo ha convertido en un instrumento que debe ser reemplazado en algún momento (lo más pronto posible) si realmente se quieren conseguir los objetivos trazados desde los diferentes espacios de la promoción del desarrollo. Sin embargo, esta sustitución por otra herramienta más eficaz y eficiente, que supere ampliamente las limitaciones del EML, debe producirse principalmente en un contexto de plena consciencia de dichas limitaciones y de consensos en torno al uso de las posibles alternativas de reemplazo. Por tanto, estamos hablando de un proceso de sustitución que no puede ser inmediato, sino que debe producirse progresivamente en el tiempo, dependiendo del grado de madurez organizacional de las instituciones involucradas en aquellos aspectos relacionados con la gestión de proyectos.

El EML, por ser esencialmente una estructura de análisis fundamentada en un modelo lógico, no deja de ser compatible formalmente con la TdC. Sin embargo, la TdC representa una clara propuesta de optimización, que posibilita al EML deshacerse de muchas de sus obsoletos paradigmas de análisis y herramientas para adquirir enfoques, técnicas y métodos más acordes con los tiempos cambiantes y la complejidad actual de actores y escenarios.

Por tal motivo, la recomendación que lanzamos desde el CEEM es pasar por una inminente etapa de transición, en la que progresivamente, se debe ir abandonando el EML y adquirir nuevos modelos lógicos de referencia. La TdC es una de esas propuestas de actualización y adecuación a las exigencias de los nuevos tiempos en los que vivimos.

10. ESTUDIO DE CASO: REDUCCIÓN DE LA DESNUTRICIÓN CRÓNICA INFANTIL EN MAURITANIA

De acuerdo a la información de organismos multilaterales de promoción del desarrollo tales como la ONU o el Banco Mundial, desde hace más de un cuarto de siglo la república Islámica de Mauritania registra una reducción cercana al 50% en sus índices de desnutrición infantil crónica con respecto al año 1990. Como bien sabemos, se trata de un indicador síntesis que puede dar cuenta del éxito o fracaso de los esfuerzos generales que se están realizando para propiciar la mejora de las condiciones de vida de la población en un territorio. En tal sentido, dicha reducción llamó mucho la atención de las instituciones especializadas, las mismas que quisieron conocer más detalles técnicos de este proceso. Sin embargo, a pesar que este descenso por sí mismo representa un gran logro en términos coyunturales, al parecer la experiencia mauritana aún no ofrecía las claves estructurales de erradicación del problema. En la actualidad uno de cada cuatro menores de cinco años sigue sufriendo desnutrición crónica y uno de cada diez sufre desnutrición aguda (UNICEF España, 2012).

¿Cómo debemos abordar las intervenciones para reducir o erradicar la desnutrición crónica infantil en Mauritania?, ¿Cómo se han planteado dichas intervenciones hasta el momento?, ¿Qué factores han sido tomados en cuenta?, ¿Qué componentes no han sido tomados en cuenta?, ¿Qué elementos innovadores es necesario integrar en la estrategia?, ¿Desde qué perspectiva debe darse dicha integración? Estas preguntas abren un interesante espacio de debate que deseamos iniciar en este texto (sin agotarlo, evidentemente), proponiendo algunas líneas de análisis desde la TdC, de modo que podamos plasmar a través de un ejemplo específico parte de los contenidos trabajados anteriormente.

10.1. Diagnóstico

De acuerdo a la información del Programa de Naciones Unidas para el Desarrollo (PNUD)[8], la evolución del Índice de Desarrollo Humano (IDH) en Mauritania desde el año 1990 ha sido la siguiente:

Mauritania 1990 – 2017: Índice de Desarrollo Humano

Fecha	IDH	Ranking IDH
2017	0,520	159°
2016	0,516	159°
2015	0,514	227°
2014	0,514	227°
2013	0,508	227°
2012	0,499	231°
2011	0,490	230°
2010	0,487	228°
2009	0,484	228°
2008	0,476	228°
2007	0,476	226°
2006	0,475	223°
2005	0,466	223°
2004	0,461	220°

Fecha	IDH	Ranking IDH
2003	0,451	218°
2002	0,449	215°
2001	0,442	214°
2000	0,442	212°
1999	0,441	192°
1998	0,435	191°
1997	0,427	192°
1996	0,428	191°
1995	0,418	192°
1994	0,411	120°
1993	0,399	122°
1992	0,387	124°
1991	0,379	125°
1990	0,374	125°

De esta forma, en 2017 Mauritania ocupaba el puesto 159 del total de 185 países evaluados por el PNUD en su informe. Se trata de un país con altos niveles de pobreza y precariedad, que progresivamente va mejorando sus principales indicadores de desarrollo humano, sin perder su condición generalizada de alta vulnerabilidad económica, social y política. Sigue siendo uno de los países más pobres del mundo. A continuación, vamos a revisar en detalle los principales aspectos relacionados con su situación de pobreza, equidad, trabajo, salud, agua y saneamiento, variables clave para el tratamiento de la desnutrición crónica infantil.

---

[8] Fuente: PNUD (2018). Rapport Mondial sur le Développement.

Pese a la marcada reducción porcentual registrada en los últimos años, la población mauritana aún sigue siendo mayoritariamente rural. Mientras que en 1988 presentaba un promedio de 59%, en el año 2000 ascendió a 62,0%, para luego caer trece años después llegando al 51,7%. Dentro de esta ruralidad, el descenso más drástico se ha registrado en la población nómada, la misma que se ha reducido de un 12% de total en 1988 a 1,9% en 2013.

Con respecto al mercado laboral mauritano, la población que se encuentra en edad de trabajar (de 15 a 59 años) se ha mantenido relativamente estable desde el año 1988, cuando registraba un porcentaje de 49,6%, hasta el año 2013 donde tal porcentaje es de 50,2%. Su tasa de ocupación se encontraba en el año 2014 en 44,6%, habiendo subido unas décimas respecto al año 2012 cuando presentaba un 44,3%. En el ámbito urbano es de 43,9% frente al 44,7% del ámbito rural. Dicho índice para el caso de los varones, en 2014, es de 64% frente al 36% para las mujeres. Esta condición refleja una fuerte inequidad y barreras muy importantes de acceso al mercado laboral para la población femenina.

La población ocupada es el 40,6% del total de personas en edad de trabajar, encontrándose empleadas mayoritariamente en actividades informales y trabajo en el ámbito rural. Un 52% de las mujeres empleadas son jóvenes entre 20 y 39 años. Del total de la población ocupada, una cuarta parte (25,2%) se dedica a actividades comerciales mientras que el 18,8% se dedica a la agricultura y ganadería.

El empleo precario en Mauritania está asociado al trabajo por cuenta propia, generalmente desarrollado dentro de alguna agrupación familiar y sin remuneración ni protección social. En 2014 el empleo precario se estimaba en 54,6%, similar al calculado para el año 2012 (54,1%). Esta condición laboral está más presente en el ámbito urbano (51,6%) que en el rural (48,4%) y ocupa mayoritariamente a varones.

Por otro lado, el trabajo infantil, considerado como tal desde la legislación mauritana para menores de 17 años, registra índices de 10% en el año 1988, 13% en 2000, 16,4% en 2008, para luego descender a 3,8% 2008, 7,8% en 2012 y finalmente 2,7% en 2014. Este preocupante fenómeno social también es mayoritariamente masculino en el país y predominantemente rural, presentándose una tasa de 10,8% en este ámbito, frente a un 3,7% para los espacios urbanos. La mayor parte de dichos trabajo implican desarrollo de actividades en las cuales se vulnera los principales derechos fundamentales de los menores involucrados.

La agricultura, una de las principales fuentes de empleo de la población pobre en el país, representa el 5,3% del Producto Interno Bruto (PIB). La producción está registrando fuertes descensos por los efectos del cambio climático, sobre todo productos como los cereales, las frutas y las legumbres. Por su parte, la ganadería es otro de los principales motores del sector primario. Significó el 23,8% del PIB entre los años 2004 y 2014, destacando significativamente sobre la agricultura y la pesca. Esta última actividad productiva representó en promedio, para el periodo 1998 y 2013, un 2,5% del PIB (PNUD, 2015: 47).

Además de su alta inestabilidad financiera, factores externos como la escalada de precios de los alimentos fundamentales (especialmente mijo y maíz), las severas variaciones climáticas que incrementan los periodos de sequía y niveles de desertificación del territorio, junto con los diversos conflictos armados desarrollados en la zona (fuerte presencia de AQMI en la frontera con Mali, entre otros) condicionan seriamente el contexto en este país.

Las familias mauritanas más pobres destinan entre el 50% y el 70% de sus escasos ingresos sólo a alimentación, manejándose casi totalmente en los límites de la autosubsistencia y cerrando toda posibilidad de mejora de condiciones por acceso a otras oportunidades de desarrollo.

Los índices de pobreza monetaria en el país han pasado de 52% en el año 2000 a 31% en el 2014. Por lugar de residencia, en el ámbito rural dichos niveles descendieron de 59,4% en 2008 a 44,4% en 2014, mientras que en el ámbito urbano también se redujeron de 20,8% a 16,7% en el mismo periodo. En relación a la cabeza de familia se presenta una situación importante de destacar. El 23,2% de los hogares encabezados por varones son pobres mientras que en los hogares dirigidos por mujeres el porcentaje es de 20,2%.

La extrema pobreza se está reduciendo paulatinamente, pasando de 25,9% en 2008 à 16,6% en 2014. En relación al lugar de residencia, para el año 2014 la pobreza extrema afectaba al 25,1% de la población rural mientras que sólo el 7,5% de la población urbana se encontraba en esta condición.

Si analizamos la situación socioeconómica de las familias a partir de su actividad económica, podemos apreciar que en el año 2014 el 47,1% de los hogares dedicados a la agricultura y a la ganadería eran pobres (PNUD, 2015: 53), habiéndose registrado un importante descenso si lo comparamos con el 69,6% de 2000, 64,2% de 2004 y 69,7% de 2008. A pesar de ello, estamos ante una economía precaria y básicamente primaria, de inexistentes niveles de industrialización.

La inequidad también es un factor muy importante a considerar en este análisis. De acuerdo al coeficiente de Gini, en 2014 el 20% más rico de la población concentraba el 36,6% de la riqueza, cuando en el año 2008 el grado de esta concentración llegaba al 44,2%. Mientras que el 20% más pobre de la población concentraba el 12,2% de la riqueza del país en 2014, siendo este mismo porcentaje 6,3% en el año 2008.

La necesaria continuidad en esta importante reducción de las inequidades demanda de políticas específicas de participación sociopolítica de los grupos más vulnerables de la sociedad civil (mujeres, población discapacitada, víctimas de trata y esclavitud, etc.), a través del fortalecimiento de las organizaciones representativas y la generación de sólidos espacios participativos, de modo que lleguen a desarrollar auténticos niveles de incidencia política.

En relación con las condiciones de salud de la población mauritana, de acuerdo a la información proporcionada por la Oficina Nacional de Estadística (ONS), la tasa de mortalidad infantil en menores de un año fue de 75 por mil nacidos vivos en 2011, habiendo mejorado ligeramente del nivel de 77 por mil en 2007 y de 78 por mil en 2004. Esta tasa en el año 2011 se presentaba más elevada en el ámbito rural, registrando índices de 78 por mil frente a los 70 por mil del ámbito urbano. Por su parte, la tasa de mortalidad materna en 2011 fue de 626 muertes por cada cien mil nacidos vivos, habiendo mejorado este índice respecto al año 2007 (686 muertes por cada cien mil nacidos vivos) y 2001 (747 muertes por cada cien mil nacidos vivos). Las principales causas de muerte materna en 2013 registradas en el Sistema Nacional de Información Sanitaria (SNIS) fueron hemorragias (22,8%), anemia (20,9%), eclampsia (19,6%) e infecciones (18,4%). Es importante mencionar que, en términos comparativos, la tasa de mortalidad materna registrada en Mauritania es bastante superior a la registrada por los países cercanos tales como Argelia (97 por cien mil nacidos vivos), Marruecos (100 por cien mil nacidos vivos) o Mali (540 por cien mil nacidos vivos).

Los controles prenatales también se han incrementado significativamente, registrándose en 2011 una asistencia del 84,2% de gestantes a uno o más controles realizados por profesionales sanitarios, frente al 75,4% del año 2007. Dichos controles son más numerosos en el ámbito urbano (92,4%) frente al rural (78,5%), debido en gran parte por la insuficiencia de personal calificado en ámbitos rurales. De igual manera, la tasa de consulta postnatal se ha incrementado en 2011, registrándose un 34% frente al 22% del año 2007. Siendo uno de los principales problemas de Mauritania la baja densidad demográfica ante extensas proporciones desérticas de su territorio, es importante mencionar que el índice de accesibilidad geográfica, para servicios sanitarios dentro de un radio de 5 kilómetros, fue de 80,1% en 2013.

Tal como se observa en la siguiente tabla, en términos comparativos generales y a pesar de la insuficiencia de información existente, podemos apreciar que la situación de inseguridad alimentaria y nutricional en Mauritania, con respecto al resto de países del Magreb, se encuentra mucho más acentuada, especialmente en aquellos indicadores directamente relacionados con el estado de la infancia y población femenina.

Magreb: Indicadores de inseguridad alimentaria y nutricional

	Prevalencia de la subalimentación en la población total		Prevalencia de emaciación en niños/as menores de 5 años	Prevalencia de retraso en el crecimiento en niños/as menores de 5 años		Prevalencia entre mujeres en edad fértil (entre 15 y 49 años)	
	2004-06	2015-17	2017	2012	2017	2012	2016
PAÍS	%	%	%	%	%	%	%
Mauritania	12,1	11,3	14,8	22,0	27,9	37,2	37,2
Argelia	8,8	4,7	Nd	11,7	nd	33,6	35,7
Libia	Nd	nd	Nd	21,0	nd	30,5	32,5
Marruecos	5,7	3,9	Nd	14,9	nd	34,2	36,9
Túnez	5,6	4,9	Nd	10,1	nd	28,1	31,2

Fuente: FAO / PMA

En relación con el acceso a servicios de agua potable, en 2013 el 67% de los hogares contaba con dicho servicio. Esta situación ha mejorado en los últimos años pues en 2008 se registraba un índice de 58,3%. El acceso en sectores urbanos es de 94,8% frente al 39,3% presentado en zonas rurales, donde los pozos son la principal fuente de acceso a agua para las familias (41%). Al mismo tiempo, el 81% de los hogares rurales carecen de un sistema básico de saneamiento.

De acuerdo a la información del Ministerio de Ambiente y Desarrollo Sostenible, entre 1974 y 2004 un área de 150 mil kilómetros cuadrados (un 15% del territorio nacional) se ha desertificado, afectando seriamente el acceso a agua y, en general, a la producción de alimentos para la población mauritana. Tres cuartas partes del país forman parte del desierto del Sáhara, dejando solo un cuarto en regiones semiáridas o en la cuenca del Río Senegal, al sur del país. Por ello, el 90% de la población está concentrada al sur y oeste costero, tratando de aprovechar el 0,5% del territorio nacional adaptado para la producción agraria. A esto se suma que la variabilidad de las lluvias y la erosión del suelo han reducido el rendimiento de los cultivos y la disponibilidad de pastos, lo que afecta al acceso de la población a alimentos básicos como el grano, la carne o la leche, haciéndolos mucho más vulnerables a las variaciones de los precios internacionales.

La información oficial del PMA nos indica que Mauritania sólo puede producir el 30% de los alimentos que consume, buena parte de ellos en cultivos de secano y explotaciones de subsistencia altamente vulnerables al cambio climático. La progresiva desaparición de pastos está provocando un desplazamiento de las comunidades de pastores nómadas hacia el sur y el oeste del país, trayendo consigo la sobreexplotación de recursos naturales en dichas zonas.

10.2. Propuestas de intervención

La significativa reducción en los índices históricos de la desnutrición crónica en uno de los países más pobres del mundo está relacionada con el tratamiento de algunas de sus causas estructurales tales como la práctica de la lactancia materna, por ejemplo. De acuerdo a la información proporcionada por UNICEF, entre 67% y 89% de los niños y niñas son alimentados con leche materna durante el primer año y medio de vida, más de la mitad de los cuales lo hace de forma exclusiva durante los seis primeros meses. Esta buena práctica nutricional ha contribuido a reducir los niveles de mortalidad infantil hasta en un 19%, inmunizando de manera natural a los menores y reduciendo considerablemente los gastos en leche maternizada artificial.

A la promoción de esta práctica se añade otros importantes componentes de intervención como la sostenida distribución de vitaminas, los programas de higiene y la distribución de suplementos nutricionales, junto con el fortalecimiento de una creciente red de profesionales socio-sanitarios altamente calificados y un efectivo sistema de información.

Las intervenciones están basadas en sólida data generada a través de dos encuestas nutricionales SMART por año, metodología que permite conocer los hábitos alimentarios de los niños y niñas, así como medir el impacto de la situación de carencia de alimentos basándose en dos indicadores esenciales de salud pública: el estado nutricional de los menores de 5 años y los ratios de mortalidad en la población (UNICEF España, 2012). Estas encuestas amplían la información sobre indicadores de salud y seguridad alimentaria generada periódicamente por el sistema de información nacional. Asimismo, permiten complementar las estadísticas generadas por la aplicación del Análisis de la Economía de los Hogares (HEA).

La participación activa del gobierno mauritano ha sido clave en la implementación efectiva de propuestas de lucha contra la desnutrición. Como parte de este involucramiento, se ha formulado una Estrategia Nacional de Seguridad Alimentaria (SNSA), cuyo objetivo central es permitir en todo momento a la población más vulnerable acceso físico y económico a un alimentación suficiente, sana y nutritiva. Operativamente, este objetivo se traduce en facilitar el acceso a los alimentos por parte de la población implementando un control estatal de precios, por ejemplo, a través de la instalación de tiendas de venta directa subsidiada, reduciendo la cadena de intermediarios. Es decir, mecanismos de control estatal de mercado. También ha fortalecido significativamente el sistema nacional de salud, el mismo que, al igual que el saharaui, presenta un alto nivel de dependencia del apoyo técnico y financiero del exterior. Es en ese contexto en el que se prioriza la política pública nutricional.

Son muy diversas las propuestas que se han impulsado para erradicar la desnutrición crónica en Mauritania, congregando la actuación de diferentes actores multilaterales, público y privados. Una de las más innovadoras es la denominada Iniciativa REACH (Esfuerzos Renovados Contra el Hambre Infantil, en sus siglas en inglés), que une los esfuerzos de cuatro agencias especializadas de la ONU (UNICEF, PAM, OMS y FAO). Esta iniciativa ha permitido convertirse a esta nación magrebí en un auténtico referente técnico. Tal como afirma UNICEF, bajo este modelo de intervención el conjunto de medidas tradicionales contra la desnutrición crónica forma parte de una estrategia integral mayor que incluye además la protección social de las familias (desde sistemas nacionales de salud y educación, principalmente) y el fomento de la seguridad alimentaria potenciando la capacidad productiva de la agricultura familiar. Sin embargo, existe un muy serio problema: la Iniciativa REACH está planteada y financiada casi en su totalidad desde fuera, generando un altísimo nivel de dependencia del país.

En una lógica de abordaje integral, los grandes lineamientos de intervención plantean tanto estrategias de prevención como de intervención directa, especialmente aquellas focalizadas en la atención de madres gestantes y niños menores de dos años. Las alianzas establecidas entre las diferentes instancias del gobierno mauritano junto con los principales actores de la cooperación internacional para el desarrollo establecidos en la zona han sido fundamentales. Los principales países donantes para Mauritania son USA, Japón, España y Francia.

Todas estas intervenciones integrales, en mayor o menor medida, han trabajado las siguientes áreas clásicas de intervención:

a) Intervención nutricional: A través de programas de promoción de buenas prácticas, como la lactancia materna, y fortalecimiento de los sistemas nacionales de salud, junto con la implementación directa de tratamientos técnicos específicos contra la desnutrición.

b) Intervención sanitaria: Mediante la mejora de los servicios sanitarios materno-infantiles, promoción de la higiene así como de los servicios de acceso a agua potable y saneamiento básico.

c) Intervención en protección social: A través de mejora de los servicios públicos educativos, de vivienda y de empleo.

d) Intervención en seguridad alimentaria: Por medio de la mejora en el acceso, disponibilidad y uso de los alimentos.

A esto se ha sumado el profundo involucramiento del gobierno mauritano, el mismo que ha sido fortalecido a través de entrega de recursos y asesoría técnica especializada. Sin embargo, el trabajo de fortalecimiento de la sociedad civil, tanto a nivel de capacidades organizativas como de empoderamiento efectivo a través de gestión directa de los factores de producción (como la tierra y el agua, es decir, el capital natural) no ha sido una de las principales líneas de trabajo en la mayor parte de las alternativas presentadas, tratándose en realidad del principal componente estructural para realizar una transformación sostenible que garantice la mejora significativa en los índices de desarrollo humano.

Para diseñar adecuadamente una estrategia de intervención integral y sostenible que logre cambiar las actuales condiciones socioeconómicas y políticas en Mauritania y que, como consecuencia de dicha transformación, mejoren significativamente los principales indicadores de bienestar de su población, es imprescindible conocer a profundidad la estructura básica de su sociedad, la lógica de actuación de los principales grupos poblacionales, la dinámica de sus intereses y expectativas. Es a partir de ese conocimiento, junto con el que nos brindan los indicadores clásicos de contexto, que podrán elaborarse intervenciones ajustadas a cada uno de los actores relevantes y a su entorno.

Propuesta de modelo lógico para la reducción de la desnutrición crónica infantil en la República Islámica de Mauritania

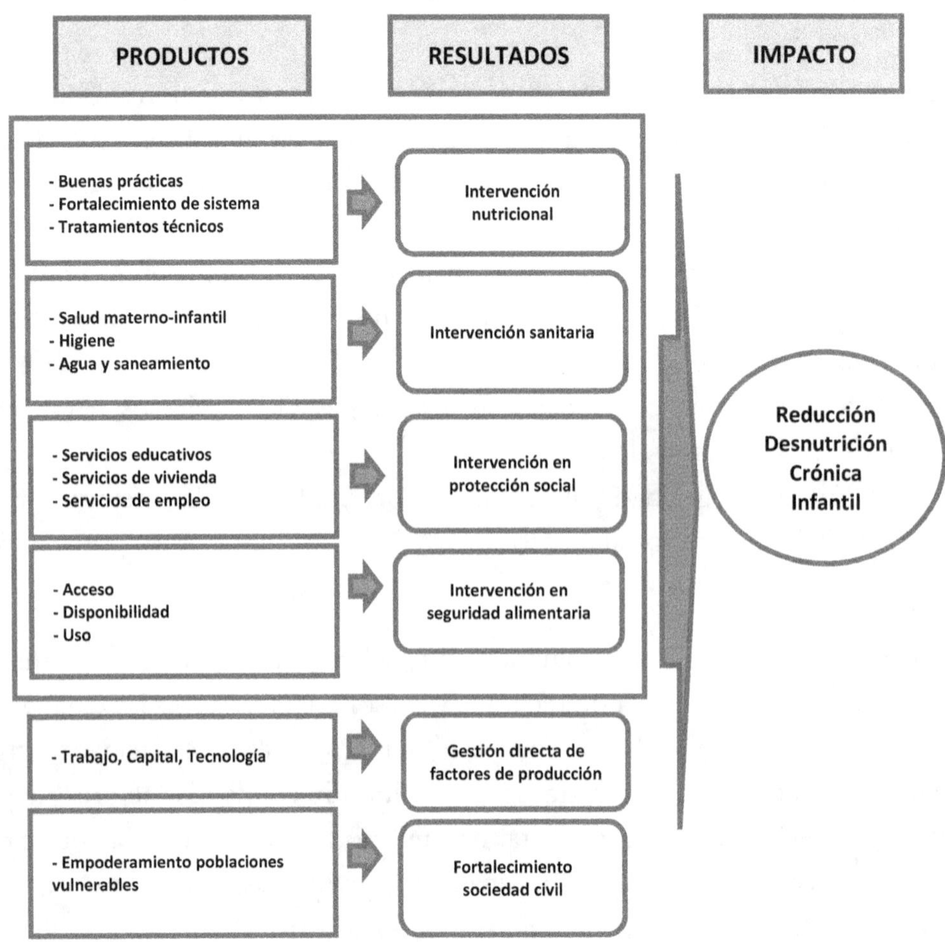

Tal como menciona el sociólogo Juan Ignacio Castien Maestro (Ministerio de Defensa, 2014: 21), la sociedad mauritana tiene una configuración extremadamente compleja. En primera instancia, podemos encontrarla dividida en dos realidades o ámbitos marcadamente distintos: el contexto magrebí, con actuaciones de grupos sociales de origen árabe-amazigh principalmente, los "beydán", de tradición nómada, dedicados principalmente a la ganadería itinerante, y el contexto saheliano, protagonizado por grupos sociales de origen subsahariano, los "sudán", de tradición más sedentaria y dedicados principalmente a la agricultura. Los sudán asignan un mayor peso a la familia extensa, frente a los beydán concentrados en pequeños clanes, divididos por un sistema de castas profesionales bastante elaborado.

Cada uno de estos contextos tiene una dinámica diferenciada, conceptualiza su entorno e interactúa con el resto de actores africanos y no africanos de forma muy distinta y, sobre todo, plantea diferentes tipos de solución ante sus problemas. A esta gran división étnico-geográfica se suma una más fina y de carácter interno, la tribal. La sociedad beydán está altamente estratificada, incluyendo hasta divisiones entre personas libres ("ahrar") y esclavas ("abid"). Por su parte, al interior de los sudán podemos encontrar grupos étnicos como los fulani o peul, los tekrur o toucouleur, los sonnikés, los wolofs y los bambaras.

La principal lucha tribal en toda la sociedad mauritana es la lucha por los recursos, en un contexto de adaptación al entorno, caracterizado por su escasez y precariedad. En estas circunstancias, el control de fuentes de abastecimiento de alimento como pozos y pastos se convierte en un asunto estratégico y de permanente litigio. En dicho contexto, es imprescindible diseñar estrategias orientadas a un fortalecimiento de las capacidades de gestión y organización de los diferentes grupos poblacionales del país (especialmente los más vulnerables), una distribución más equitativa de los recursos y sus diversas modalidades de propiedad (que implican transformaciones estructurales del modo de producción vigente en Mauritania) junto con acciones efectivas destinadas a la resolución de conflictos entre los actores.

Dichas estrategias, eminentemente participativas, deben ser estructuradas teniendo en cuenta la complejidad sociocultural antes descrita y asumiendo el protagonismo principal del Estado, el mismo que requiere previamente ser fortalecido para ejercer el rol transformador que le corresponde. El empoderamiento de la sociedad civil mauritana, el fortalecimiento de las capacidades de su Estado y el manejo de instrumentos básicos para la resolución de conflictos, basados en la distribución y uso equitativo de los factores de producción es la base de cualquier estrategia de desarrollo que se impulse en el país, ya no sólo para erradicar la desnutrición crónica infantil.

11. BIBLIOGRAFÍA BÁSICA

Anderson, Andrea (2004). "Theory of Change as a tool for strategic planning. A report on early experiences". The Aspen Institute. New York.
https://www.wallacefoundation.org/knowledge-center/Documents/Theory-of-Change-Tool-for-Strategic-Planning-Report-on-Early-Experiences.pdf

Carrasco, Haydeé y Sergio Tejada (2008). "Soberanía alimentaria. La libertad de elegir para asegurar nuestra alimentación". DFID. Soluciones Prácticas. Lima. http://www.oda-alc.org/documentos/1371488879.pdf

Clark, Helene (2004). "Deciding the Scope of a Theory of Change". ActKnowledge. New York.

Clark, Helene (2012). "Theory of Change: Value added and complementarity with Results based Frameworks and Scorecards". ActKnowledge. New York.

Coyle, Diane (2017). "Producto Bruto Interno. Una historia breve pero entrañable". Fondo de Cultura Económica (FCE), México DF.

Davies, Rick y Jess Dart (2012). "Técnica del Cambio Más Significante. Guía para su uso". Oxfam Community Aid Abroad, Australia. Learning to Learn, Gobierno del Sur de Australia. Ministerio de Trabajo, Gobierno de Nueva Zelanda. Oxfam Nueva Zelanda. Christian Aid, Reino Unido. CARE International. Reino Unido Exchange, Reino Unido. Ibis, Dinamarca. Mellemfolkeligt Samvirke (MS), Dinamarca. Lutheran World Relief, Estados Unidos de América. Londres.

De Sousa Santos, Bouventura (2010). "Descolonizar el saber, reinventar el poder". Universidad de la República. Editorial Trilce, Montevideo.

Earl, Sarah, Fred Carden y Terry Smutylo (2002). "Mapeo de Alcances. Incorporando aprendizaje y reflexión en programas de desarrollo". LUR. IRDC, Ottawa.

FAO (1996), "Declaración de Roma sobre la Seguridad Alimentaria y Plan de Acción. Cumbre Mundial sobre la Alimentación"

Fundación W.K. Kellogg (2001). "Guía de desarrollo de modelos lógicos. Uso de modelos lógicos para integrar la planificación, evaluación y acción" Fundación W.K. Kellogg. Michigan.

Godet, Michel (1994). "De la anticipación a la accion". Marcombo Boixareu Editores, Barcelona.

Godet, Michel y F. Meunier (1996). "Analyser les stratégies d'acteurs : la méthode Mactor". Cahiers du LIPS, cahier n°3, May.

Godet, Michel (2007a). "Manuel de prospective stratégique. Tome 1: Une indiscipline intellectualle". Dunod. Paris. 3° edition.

Godet, Michel (2007b). "Manuel de prospective stratégique. Tome 2: L´art et la méthode". Dunod. Paris. 3° edition.

Gordillo, Gustavo y Obed Méndez Jerónimo (2013). "Seguridad y soberanía alimentaria. Documento base para la discusión". FAO. Roma.

Harnecker, Marta (1973). "Estrategia y táctica". Cuaderno N° 11 (segunda serie), Cuadernos de Educación Popular ¿Cómo luchar por el socialismo?. Editora Nacional Quimantú. Santiago de Chile.

Harnecker, Marta (2012). "Instrumentos de la política". Cuadernos de Educación Popular. Serie Política N° 1. Centro de Investigaciones Memoria Popular Latinoamericana. La Habana.

IEPALA (2001). "Bolivia y la seguridad alimentaria". Experiencias de desarrollo N° 1. IEPALA. Madrid.

James, Cathy (2011). "Theory of Change Review. A report commissioned by Comic Relief". Comic Relief.

Keystone (2009). "Development a theory of change. A guide to developing a theory of change as a framework for inclusive dialogue, learning and accountability for social impact". Keystone. Johannesbiurg.

Londero, Elio (1987). "Beneficios y beneficiarios; una introducción a la estimación de los efectos distributivos en el análisis costo beneficio". Banco Interamericano de Desarrollo. Washington DC.

Llistar Bosch, David (2009). "Anticooperación. Interferencias globales Norte-Sur. Los problemas del sur no se resuelven con más ayuda internacional". Icaria. Barcelona.

Medina Vásquez, Javier y Edgar Ortegón (2006). "Manual de prospectiva y decisión estratégica: bases teóricas e instrumentos para América Latina y el Caribe". Instituto Latinoamericano y del Caribe de Planificación Económica y Social (ILPES) – CEPAL. Santiago de Chile.
https://repositorio.cepal.org/bitstream/handle/11362/5490/1/S0600190_es.pdf

Ministerio de Asuntos Exteriores y de Cooperación (España) (2005). "Evaluación Intermedia del Proyecto Polo de Desarrollo Integral en el Litoral de Tiguent, Mauritania". Dirección General de Planificación y Evaluación de Políticas para el Desarrollo. Madrid.
http://www.cooperacionespanola.es/sites/default/files/17evai1.pdf

Ministerio de Defensa (España) (2014). "Mauritania: nuestro vecino del sur, un estudio geopolítico en red". Escuela de Altos Estudios de la Defensa. Madrid.
https://publicaciones.defensa.gob.es/mauritania-nuestro-vecino-del-sur-un-estudio-geopolitico-en-red-n-65.html

Ministerio de Salud Pública de la República Árabe Saharaui Democrática (MSP-RASD) (2015). "Plan Estratégico de Salud 2016-20". MSP-RASD. Tindouf.
https://msprasd.org/archivos_subidos/Plan_Estrategico_de_Salud_Saharaui_2016-20.pdf

Monje, José Antonio (2018). *"Antropología del desarrollo y factores críticos para el éxito de los proyectos de cooperación internacional. El caso de las ONGD en América Latina"*. En: AIBR: Revista de Antropología Iberoamericana 13 (1). Madrid. https://www.researchgate.net/publication/325156874_Antropologia_del_desarrollo_y_fact ores_criticos_para_el_exito_de_los_proyectos_de_cooperacion_internacional_El_caso_de_l as_ONGD_en_America_Latina

Morin, Edgar (2009). "Introducción al pensamiento complejo". GEDISA, Barcelona.

Ortiz, Alfredo y Guillermo Rivero (2007). "Desmitificando la Teoría del Cambio". PACT. http://www.rootchange.org/about_us/resources/publications/DemistificandolaTeoriadeCa mbio.pdf

Portillo, Luis. (1987). "¿Alimentos para la paz?. La `ayuda´ de Estados Unidos". IEPALA Editorial. Madrid.

Prins, Kees (1996). "Proceso y producto. Un balance". Escuela para el Desarrollo. Lima.

Prinsen, Gerard and Saskia Nijhof (2015). *"Between logframes and theory of change: reviewing debates and a practical experience"*. En: Development in Practice. Vol. 25, No. 2, 234–246. https://www.researchgate.net/publication/273525796_Between_logframes_and_theory_of _change_reviewing_debates_and_a_practical_experience

Sogge, David (1998). "Compasión y cálculo. Un análisis crítico de la cooperación no gubernamental al desarrollo". Icaria. Barcelona.

Sogge, David (2004). "Dar y tomar. ¿Qué sucede con la ayuda internacional?". Icaria. Barcelona.

Retolaza Eguren, Iñigo (2010). "Teoría de Cambio. Un enfoque de pensamiento-acción para navegar en la complejidad de los proceso de cambio social". HIVOS. PNUD. Ciudad de Guatemala. http://xarxanet.org/sites/default/files/pnud-hivos-guia_teoria_de_cambio.pdf

Retolaza Eguren, Iñigo (2014). "Theory of Change in Development Cooperation. Work in progress". Fagligt Fokus.

Taplin, Dana, Helene Clark, Eoin Collins and David C. Colby (2013). "Theory of Change.

Series of Papers to Support Development of Theories of Change Based on Practice in the Field". Center for Human Environments. New York.

UNHCR (2018). "Sahrawi Refugees in Tindouf, Algeria:Total In-Camp Population" Official Report. UNHCR. Geneva.
http://www.usc.es/export9/sites/webinstitucional/gl/institutos/ceso/descargas/UNHCR_Tindouf-Total-In-Camp-Population_March-2018.pdf

UNICEF España (2012). "Mi hijo ya no come arena. Mauritania, la ayuda y la batalla global contra la desnutrición infantil". Unicef. Madrid.
https://www.unicef.es/sites/unicef.es/files/Informe_MAURITANIA.pdf

Valters, Craig (2014). "Theories of Change in International Development: Communication, Learning, or Accountability?" The Asia Foundation. JSRP.

Vela, Gloria y Rubén Dario Espinosa (2011). "El cubo de poder: Aplicación práctica en procesos de gestión de proyectos". Fundación para la Cooperación Synergia. Bogotá.

SOBRE EL AUTOR

José Antonio Monje (El Aaiún, Sahara Occidental, 1970).

Antropólogo social, Doctor en Sociología (UNED, España), Master in Project Management (Universitat Ramón Llull, España), Diploma de Estudios Avanzados (DEA) en Proyectos de Ingeniería y estudios concluidos en el Doctorado en Dirección de Proyectos (Universidad de Zaragoza, España).

Con veinticinco años de experiencia en diseño, gestión, seguimiento y evaluación de programas y proyectos de inversión social, cooperación internacional al desarrollo e investigación social aplicada, ha trabajado en diversos organismos públicos y privados dedicados a la promoción del desarrollo e inversión social en países del norte de África (Argelia, Mauritania y Sahara Occidental) y América latina (Bolivia, Cuba, Ecuador, El Salvador, Guatemala, Nicaragua y Perú). Ensayista y analista político especializado en los países del Magreb y latinoamericanos. Ex Coordinador de la delegación de la Fundación Mundubat (País Vasco) en la República Árabe Saharaui Democrática (RASD) y la República Argelina Democrática y Popular. Actualmente es Director General del Centro de Estudios Estratégicos Magrebíes (Granada, España).

Contacto: direccion@centroestudiosmagrebies.org